Gabriele A. Petrig

Die neue Epigenetik

Gabriele A. Petrig

Die neue Epigenetik

Wie du deine unliebsamen Gene einfach abschaltest

SILBERSCHNUR VERLAG

HINWEIS: Zur besseren Lesbarkeit wird in diesem Buch das generische Maskulinum verwendet. Die in diesem Buch verwendeten Personenbezeichnungen beziehen sich – sofern nicht anders kenntlich gemacht – auf alle Geschlechter.

ISBN 978-3-96933-088-3

1. Auflage 2024

Umschlaggestaltung & Satz: XPresentation, Güllesheim; unter Verwendung eines Motivs von © ivacore, www.shutterstock.com
Druck: PB Tisk, a.s. Czech Republic

Verlag »Die Silberschnur« GmbH · Steinstraße 1 · D-56593 Güllesheim
www.silberschnur.de · E-Mail: info@silberschnur.de

Inhalt

Einführung

So fing alles an

Als ich im Herbst 2016 zum ersten Mal die Schalter einer epigenetischen Prägung in den Genen deaktivierte, konnte ich noch nicht wissen, welches Ausmaß diese Arbeit annehmen und welch ein Segen diese Methode den Menschen bringen würde. Ich spürte tief in mir, dass die Energien meiner Arbeit an diesem Tag anders waren als all das, was ich bisher kannte, und dass es einen revolutionär neuen Ansatz in der energetischen Arbeit bringen sollte. Ich kann mich noch gut an das Gefühl von damals erinnern. Ich spürte, dass es ein ganz besonderer Augenblick war, dass etwas ganz Neues, das es so noch nicht gab, sich mir offenbarte.

Ich war ehrfürchtig, dankbar, tief beeindruckt und begeistert – und das alles gleichzeitig. Ich hätte Luftsprünge machen können und war zugleich sehr demütig, da ich intuitiv spürte, dass gerade etwas Neues geboren wurde, von dem ich noch nicht viel wusste, außer dass es eine Schwingung hatte, die mich in eine Dimension brachte, die ich nur vom Hörensagen kannte. Ich war durch diese Arbeit an diesem Tag in einer Frequenz, die ich so noch nicht erlebt hatte. Wenn ich nicht ein so gut geerdeter Mensch wäre, hätte ich in dem Moment geglaubt, ich könnte fliegen und hätte es womöglich auch ausprobiert. An diesem sonnigen Herbsttag im September 2016 wurde Genetic-Healing geboren.

Aber jetzt der Reihe nach:

Ich war an diesem Tag mit einem eigenen Thema beschäftigt, das ich mit meiner Schwester Monika zusammen aufstellte. Das Herzstück meiner Arbeit ist seit Anfang der 90er-Jahre die systemische Aufstellungsarbeit. Monika ist systemischer Coach und Heilpraktikerin für Psychotherapie und arbeitet seit Jahren gemeinsam mit mir im Institut. So war es naheliegend, dass wir eine Aufstellung zu meiner Thematik machten. Die Blockade, die ich für mich lösen wollte, waren Begrenzungen. Ich fühlte mich in verschiedenen Bereichen meines Lebens immer wieder begrenzt und nicht in der Freiheit, die ich mir wünschte und die ich aufgrund meines Potenzials haben könnte. Ich hatte immer wieder einmal das Gefühl, mit angezogener Handbremse durch mein Leben zu gehen.

Während dieser Aufstellung spürte ich eine laute und klare innere Stimme, die mir sagte: »Das Thema, um das es bei dir hier geht, ist epigenetisch. Das kannst du mit deinen herkömmlichen Methoden auf Dauer nicht lösen.«

Aufgrund meiner langjährigen Erfahrung mit der Aufstellungsarbeit hatte ich mich schon mit der Wissenschaft der Epigenetik beschäftigt und konnte so etwas mit dieser Mitteilung anfangen. Aber so ganz genau wusste ich nicht, was gemeint war. Wie sich zeigte, sprachen die Hathoren über die innere Stimme mit mir: Wesen aus der geistigen Welt, die auf diesen Augenblick gewartet hatten, um mit mir in Kontakt zu treten. Wer genau die Hathoren sind und welche Aufgabe sie gerade jetzt in dieser Zeit haben, erkläre ich noch ausführlich.

Sie baten mich gleich, mein Aufnahmegerät zu holen, da sie wichtige Botschaften für uns hätten. Als sie mit ihren Mitteilungen begannen, die ich innerlich in mir wahrnehmen konnte, war ich sofort in einer sehr hohen Energie und mein Verstand trat respektvoll in den Hintergrund.

Die Hathoren sagten, dass das Thema, das wir gerade durch die Aufstellung in Heilung bringen wollten, mit den herkömmlichen Methoden auf Dauer nicht zu lösen sei. Die Begrenzung, die bei mir wirkte, war eine Struktur, die seit 12 Generationen in meiner weiblichen Ahnenlinie wirkte. Sie war in den Genen verankert und wirkte in vielen unterschiedlichen Varianten. Wir konnten es zwar auf einer mentalen und auch emotionalen Ebene lösen, in den Genen war es jedoch weiterhin vorhanden und wurde immer wieder an die nächste Generation weitergegeben.

Sie sprachen das erste Mal von Epigenetik und den Programmierungen unserer Gene. Und erfreulicherweise auch davon, wie wir die oft schon seit Jahrhunderten wirkenden sowie uns behindernden Themen bei uns selbst, in unserer Ahnenreihe und bei den Nachkommen nachhaltig lösen können. Sie sprachen auch davon, wie wir mit dem Kollektiv verbunden sind und all die Informationen der gesamten Menschheitsgeschichte in unseren Genen tragen. Und sie sagten, dass wir die Funktionsweise unserer Gene, also die Genschalter in unserer DNS, energetisch verändern können, damit wir, unsere Ahnen und unsere Nachkommen frei werden von diesen Prägungen und dem Leid der Vergangenheit.

Wir waren fasziniert und gleichermaßen berührt von den Mitteilungen, die uns die Hathoren machten. Sie sprachen lange über dieses Thema und zeigten uns dann die Genschalter und das Ritual, wie wir die Gene energetisch ein- und ausschalten können. Sie zeigten anhand eines inneren Bildes, wie epigenetische Prägungen in der DNS ihre Spuren hinterlassen, sie erklärten die Wirkweise der Genschalter und zeigten, wie wir diese energetisch verändern können. Was auf körperlicher Ebene in unserer DNS passiert und welche chemischen Prozesse die epigenetischen Prägungen in jeder Zelle in Gang setzen, erklärten sie auf einfache und verständliche Weise. Sie teilten an diesem Tag weiter mit, dass sämtliche Steuerung unseres Menschseins über die Gene stattfindet und dass sie mir nach und nach das Wissen um die Programmierung unserer DNS und viele Informationen, die damit zusammenhängen und wie wir gesteuert werden, mitteilen wollten. Sie sagten mir, dass jetzt der Zeitpunkt gekommen sei, das Wissen und die neue Methode der Heilarbeit zu empfangen. Sie fragten mich noch einmal, ob ich bereit sei, als Kanal zu dienen und dieses Wissen, das sie mir vermitteln, in der ganzen Welt zu verbreiten.

Ich sagte sofort zu, ohne zu wissen, auf was ich mich da wirklich einlasse und wie diese Zusammenarbeit mein Leben und vor allem meine Arbeit verändern würde.

Die Hathoren

Da die Hathoren nicht allen Menschen bekannt und vertraut sind, stelle ich sie hier erst einmal vor, damit du, lieber Leser, liebe Leserin, nachvollziehen kannst, wovon ich hier spreche und auch meine Freude und Begeisterung über diesen Kontakt nachvollziehen kannst. Vor einigen Jahren waren die Hathoren nur wenigen Menschen auf unserer Erde bekannt. Der Kontakt mit Erdenmenschen war noch nicht sehr weit verbreitet und nur wenigen vorbehalten. Das hat sich inzwischen sehr verändert.

Die Hathoren werden immer mehr Menschen vertraut. Jetzt, durch die neue Methode Genetic-Healing, die sich gerade in der Welt verbreitet, kommen immer mehr Menschen mit ihnen in Kontakt. Viele, die inzwischen in der Genetic-Healing-Methode ausgebildet sind, haben einen innigen Kontakt zu den Hathoren aufgebaut und profitieren von den liebevollen und kraftvollen Energien, die durch diese Verbindung entstehen. In den vergangenen Jahren haben sie vor allem durch die Veröffentlichungen der Bücher und Heilgesänge von Tom Kenyon einen großen, weltweiten Bekanntheitsgrad erreicht und ihre liebevolle Begleitung wird von vielen Menschen geschätzt. Tom Kenyon ist ein amerikanischer Wissenschaftler und Psychologe und steht seit vielen Jahren mit den Hathoren in Kontakt. Durch ihn wurden viele hilfreiche Botschaften der Hathoren in die

Welt gebracht. Sie unterstützen uns in dem großen Veränderungsprozess, der gerade auf unserer Erde stattfindet.

Die Hathoren sind sehr daran interessiert, mit uns Menschen in Kontakt zu kommen, um die Menschheit und die Erde bei dem großen Wandlungs- und Aufstiegsprozess zu begleiten und zu unterstützen. Sie vermitteln Wissen, Übungen, Klänge und Meditationen, die uns helfen, unser Bewusstsein zu erweitern und einen Einblick in die Unendlichkeit des Universums zu bekommen. Die Hathoren, die mit mir in Kontakt sind, sind Wesen der 9. bis 12. Dimension. Wir bewegen uns derzeit mit großen Schritten von der 3. über die 4. in die 5. Dimension. Unsere Energie ist noch sehr grobstofflich und die der Hathoren so fein und hochschwingend, dass wir sie in dieser Frequenz gar nicht wahrnehmen können. Die Hathoren haben in diesen hohen Dimensionen keinen Körper und keine menschliche Gestalt, wie wir uns das vielleicht vorstellen. Es sind Energiefelder, die sich in den Dimensionen 9 bis 12 – also in der Schöpferebene – aufhalten, im Feld der bedingungslosen Liebe.

Wir nehmen diese Zahlenfolge der Dimensionen, damit wir eine Unterscheidung treffen und uns so eine Vorstellung davon machen können, was sie bedeuten. Die Dimensionen beschreiben jedoch einen Bewusstseinszustand, in dem die Menschen und andere Wesen sich befinden.

In der 3. Dimension ist die Schwingung noch grobstofflich, die Wahrnehmung der Welt ist auf Länge, Breite und Höhe ausgerichtet. Es gelten die Gesetzmäßigkeiten der Dualität. Das heißt, es gibt Hell und Dunkel, Schwarz und Weiß, Gut und Böse, also immer mindestens zwei Seiten einer Realität. Das Bewusstsein der Menschen verändert sich jedoch stetig, und es öffnen sich neue Welten, in denen es mehr gibt als das, was wir derzeit mit unseren fünf Sinnen wahrnehmen können.

Die 12. Dimension, in der sich die Hathoren-Gruppen befinden, mit denen ich in Verbindung stehe, ist für uns nicht mehr sichtbar – sie geht über unsere Wahrnehmung weit hinaus. Engel sind in der 5. bis 7. Dimension beheimatet. Sie sind oft noch wahrzunehmen und manchmal auch zu sehen, besonders von sensiblen Menschen, in Meditationen oder von Kindern. In dieser 12. Dimensionsdichte wären die Hathoren für uns nicht mehr wahrnehmbar. Sie könnten also mit uns nicht in Kontakt kommen und wir auch nicht mit ihnen. Die Hathoren können ihre Frequenz jedoch heruntertransformieren in die 7. bis 5. Dimension, so dass sie mit uns in Kontakt kommen und wir sie wahrnehmen können. Sie verdichten ihre Energie und sind so für uns wahrnehmbar, wenn wir unsere Energie entsprechend in die der 5. Dimension anheben können. In der Frequenz der 5. Dimension ist die Trennung weitgehend aufgehoben, wir spüren die Verbindung mit allem, was ist, und nehmen uns zunehmend als das wahr, was wir wirklich sind: göttlich-geistige Wesen, die hier auf der Erde in einem menschlichen Körper Erfahrungen machen. Wir handeln und leben dann in dem Bewusstsein, erkennen unsere Aufgabe und handeln danach. Das Ego steht uns nicht mehr im Weg, und wir leben im Einklang mit unserer Bestimmung, zu unserem höchsten Wohle und zum Wohle aller.

Die Hathoren kamen der Überlieferung nach vor unendlichen Zeiten aus einem anderen Teil des Universums in unser Sonnensystem und sind jetzt in einem Energiefeld nahe der Venus zu Hause. Wobei sie ihre Energien immer dahin bringen, wo sie gerade gebraucht werden. In Ägypten dienten sie der Göttin Hathor und waren dort als Tempeldienerinnen, Tänzerinnen, hellsichtige und weissagende Frauen mit ihrem Wissen und ihrer Weisheit als die Hathoren bekannt. Die Hathoren haben schon einige Aufstiegsprozesse in höhere Dimensionen mitgemacht und begleiten nun im gesamten Universum die Wesen in diesem Prozess, die ihre Hilfe annehmen.

Die Hathoren treten meist in Gruppen auf. Diese Gruppen sind verbunden mit einem speziellen Wissen und je nachdem, wie unsere Aufgabe hier auf der Erde aussieht, suchen sie den Kontakt entsprechend mit den Menschen, die offen dafür sind. Sie sagten mir einmal, dass Menschen, die sich von den Hathoren angezogen fühlen, Seelenanteile der Hathoren in sich tragen und schon in anderen Zeiten mit ihnen zusammengewirkt haben. Mit mir stehen mehrere Hathoren-Gruppen in Kontakt. Es ist einmal eine sogenannte Aufstiegsgruppe. Sie geben mir Zugang zu einem Wissen, das für den Aufstiegsprozess wichtig ist. Zum Beispiel das Wissen um den Wechsel in andere Zeitlinien oder die Programmierungen unserer DNS. Wie wir programmiert sind, welche Veränderungen an unserer DNS schon immer vorgenommen wurden, welche Auswirkungen dies jetzt auf uns hat und was wir tun können, damit wir vollkommen frei werden und endlich erkennen, wer wir wirklich sind.

Sie gaben mir einen Einblick in die Genmanipulation, die schon immer in der Evolutionsgeschichte der Menschheit durchgeführt wurde. Eine solche Genmanipulation erleben wir derzeit in großem Stil durch die Covid-Impfung. Die darin enthaltenen Informationen läuten eine neue Ära der Menschheitsgeschichte ein. Über diese Genveränderung, die damit verbunden ist, gaben sie mir ebenfalls

Informationen und ein Werkzeug, wie dies in unseren Genen wieder rückgängig gemacht werden kann. Es ist eine komplett neue Form der Energiearbeit, die in Verbindung mit der höchsten Schöpferebene durchgeführt wird und weitreichende Folgen für uns, unsere weiteren Inkarnationen und den Planeten Erde hat. Von diesem Wissen um die Codierung unserer DNS und die Auswirkungen, die es für uns Menschen in der 3. Dimension hat, berichten sie mir seitdem.

Außerdem steht eine Gruppe mit mir in Kontakt, die mir neue Heilmethoden zugänglich macht. Ich durfte schon einige neue Methoden ausprobieren und weitergeben. Es ist faszinierend und für uns fast noch nicht vorstellbar, was jetzt und besonders in der nahen Zukunft alles möglich ist. Später berichte ich von einer eigenen Heilung, die ich vor einigen Jahren durch die Hathoren erfahren durfte.

Was ihnen allen gemeinsam ist, ist der Humor und die friedliche, liebevolle Art der Kommunikation. Sie sind sehr respektvoll und lustig und scherzen immer wieder. Sie betonen auch, wie wichtig Leichtigkeit und Lebensfreude für uns Menschen sind und dass wir meistens viel zu ernst sind. Die Freude ist mit der Liebe verbunden, nach der wir uns alle sehnen. Sie betonen in ihren Durchsagen, dass wir nicht hier auf der Erde sind, um zu leiden. Wir sind hier, um das Leben in einem physischen Körper zu erfahren. Wir haben hier auf der Erde unendliche Möglichkeiten, dies in Freude und gegenseitiger Liebe zu erleben. Wir sind hier als Mensch, besonders jetzt in dieser Zeit des Wandels, um uns immer bewusster zu werden, wer wir wirklich sind, um unsere Schöpferkraft immer mehr zu spüren und um uns der Unendlichkeit unseres Wesens bewusst zu werden.

Mein erster Kontakt mit den Hathoren

Im Jahr 2012 hatten sich die Hathoren das erste Mal namentlich bei mir gemeldet. Sie kamen damals in einer Morgenmeditation zu mir und baten mich, mein Tagebuch in die Hand zu nehmen, da sie mir eine Botschaft übermitteln wollten. Ich hatte damals ein Zahnproblem, das nicht so leicht oder auf konventionelle Art zu lösen war. Sie machten an dem Tag eine energetische Zahnbehandlung bei mir und zeigten mir auch, wie ich das mit Hilfe ihrer Energie selbst durchführen konnte. Innerhalb von einer Minute beruhigte sich der Zahn, ebenso der Nerv und das Feld um die schmerzende Stelle herum. Seit vielen Jahren nutze ich diese Heilbehandlung für mich, wenn meine Zähne empfindlich reagieren.

Danach haben sie sich immer wieder in bestimmten Situationen bei mir gemeldet. Besonders in Meditationen konnte ich sie sehr deutlich wahrnehmen und zum Teil auch sehen. Sie sind groß, ca. 2 bis 4 Meter, und bewegen sich mit leicht eingeknickten Beinen, da unsere Räume meist zu niedrig für sie sind, damit sie nicht an die Decke stoßen. Ihr Aussehen ähnelt den Bildern, die von ägyptischen Tempeln und Wandmalereien überliefert sind. Sie haben immer ein Lächeln im Gesicht und strahlen Leichtigkeit und Freude aus. Es sind schöne Wesen mit großen, mandelförmigen Augen und breitem Gesicht. Sie sind jedoch nicht mit unserem menschlichen Aussehen zu vergleichen. Sie sind weder männlich noch weiblich. Diese uns bekannten Pole haben sie in sich vereinigt und sind androgyn.

In der hohen Meditationsenergie konnte ich sie gut wahrnehmen. Ich hatte bei jedem Kontakt ein beglückendes Gefühl der Leichtigkeit und Freude, und das hielt manchmal den ganzen Tag über an. So bekam ich ein Gefühl dafür, wie sich die Schwingung einer höheren Dimension anfühlt. Ich fand es damals immer sehr schade, dass ich langsam wieder mit meinem irdischen Körper in die 3. Dimensionsdichte überging und mit der Realität der 3. Dimension konfrontiert war. Die Hathoren erklärten mir, dass diese freudige Energie unsere Zukunft sei und dass wir es selbst in der Hand haben, dorthin zu gelangen und auch dort zu bleiben. Oh ja, das wollte ich! Und ich wollte auch alles dafür tun, damit dieser Prozess so schnell wie möglich vorangeht. Diese Entscheidung habe ich damals aus vollem Herzen getroffen, ohne wirklich zu wissen, was das für mich und mein Leben bedeutete und noch bedeutet. Ich hatte tiefes Vertrauen zu den Hathoren und spürte von Anfang an eine große Verbundenheit und Liebe.

Damals schon sagten die Hathoren, dass sie mir Wissen weitergeben können, das aus ihrer Dimension kommt und auf unserer Erde noch vollkommen unbekannt, ja noch nicht einmal vorstellbar ist. Meine Aufgabe sei es, die Menschen bei dem anstehenden Aufstiegsprozess zu begleiten, neue Wege in der Auflösung und Transformation unserer menschlichen Thematiken zu gehen, die es vorher so noch nicht gab, und Wissen in die Welt zu bringen, das lange Zeit verborgen war. Sie wollten mir eine vollkommen neue Methode an die Hand geben, und ich sollte sie in der ganzen Welt verbreiten. Sie fragten mich, ob ich dazu bereit sei, diese Aufgabe zu übernehmen, und ich sagte, ohne zu zögern, sofort zu. Es dauerte dann noch bis zum Herbst 2016, bis ich aktiv in diese Aufgabe eingeführt wurde. Daraus ist dann die einzigartige Transformationsmethode Genetic-Healing entstanden.

Meine Vorbereitung

Die Vorbereitung auf diese Aufgabe hat, wenn ich jetzt zurückblicke, schon in den 1980er-Jahren begonnen. Damals fing der bewusste Kontakt zur geistigen Welt an, und ich habe noch Kisten voller Kassetten zu Hause, die mit Durchsagen und Channelings der geistigen Welt bespielt sind. Schon in dieser Zeit sprachen Engel und Lichtwesen von riesigen Veränderungen auf unserem Planeten zu mir und wie unser Leben einmal sein wird. Es hörte sich alles wundervoll an, doch vorstellen konnte ich es mir nicht so recht. Ich wollte es gerne glauben, es waren jedoch noch viele Zweifel dabei. Steht uns das Paradies tatsächlich bevor? Denn sie sprachen immer wieder davon, dass es große Veränderungen auf unserem Planeten geben werde und wir uns das Paradies selbst erschaffen können.

Damals fing die Zeit des positiven Denkens an, und die Tatsache wurde immer klarer, dass wir mit unseren Gedanken unsere Realität erschaffen. Die Macht des Unterbewusstseins und die Kraft der Affirmationen wurde in Büchern und Seminaren bekannt gemacht. Ich war da ganz vorne und von Anfang an mit dabei, habe alles gelesen, was es an neuem Wissen gab, und besuchte unzählige Seminare und Workshops zu diesen Themen.

Meine Seele hat mich seit dieser Zeit sehr bewusst und klar zu Erfahrungen geführt, die alle dieser Aufgabe dienten. Verstehen kann ich vieles erst jetzt im Nachhinein, und ich bin mir selbst immer wieder dankbar, mich diesem Lebensfluss anvertraut zu haben. Während der jahrzehntelang andauernden Prozesse, die immer noch in Gang sind, war mir nicht immer bewusst, wo meine Reise hingeht. Oft habe ich gehadert und wollte es anders haben, als es gerade war. Ich musste gegen viele Widerstände ankämpfen, wurde ich doch von vielen Menschen als eine seltsame Träumerin abgestempelt, die die Realität und das Schlimme in der Welt nicht sehen möchte. Doch viele hilfreiche Menschen, die ich immer in meinem Umfeld hatte, besonders meine Schwestern, unterstützten mich auf vielfältige Art und Weise auf diesem nicht immer leichten Weg. Auch die geistige Welt – es hatte sich schon ein richtiges geistiges Team um mich versammelt – ließ mich niemals im Stich. Doch ich war immer wieder aufgefordert, einen Vertrauensvorschuss zu geben – und mein Mut wurde immer wieder belohnt. In meinen Tagebuchaufzeichnungen lese ich manchmal die Übungen nach, die mir ganz besonders ab 2009 von meinem geistigen Team vermittelt wurden und die mich sehr an die heutigen Übungen und Mitteilungen der Hathoren erinnern.

Im Herbst 2016 fragten sie an diesem besagten Tag wieder, ob ich jetzt für eine intensive Zusammenarbeit bereit sei. Na klar war ich bereit. Ich bin immer offen für Neues und war sehr neugierig, wie es weitergehen sollte. Ich konnte es kaum erwarten und bat die Hathoren, mich in die neue Arbeit einzuweisen. Nun ging es in einem rasanten Tempo weiter. Mehrmals in der Woche gaben sie mir Informationen über die Programmierung unserer DNS durch. Parallel dazu beschäftigte ich mich mit der Wissenschaft der Epigenetik, damit ich ein Verständnis für die Zusammenhänge und die physische Wirkweise unserer Gene bekam.

Die Epigenetik

Der Begriff Epigenetik setzt sich aus den Wörtern »Epi« (altgriechisch »dazu/darauf«) und »Genetik« zusammen, der Wissenschaft und Lehre von der Vererbung. Die Epigenetik ist das Teilgebiet der Biologie, das die Erbanlagen in Form der Gene und die Mechanismen der Weitergabe der Gene an die folgenden Generationen erforscht. Die Epigenetik gilt als Teilbereich der Genetik und wird heute definiert als das Erforschen der erblichen Veränderungen in der Genfunktion, die ohne eine Änderung der DNS-Sequenz auftreten.

Es geht bei der Epigenetik also darum, welche zusätzlichen Faktoren sich (neben den eigentlichen Genen) auf unsere Vererbung auswirken. Die Idee, Umwelteinflüsse könnten zu einer Veränderung der Gene führen, hatte bereits 1942 Conrad Waddington (1905-1975), ein britischer Entwicklungsbiologe, der schon damals den Begriff Epigenetik benutzte, der auf Aristoteles (384-322 v. Chr.) zurückgeht. Dieser glaubte an eine Epigenese, also eine Herausbildung neuer Strukturen aus ungeformter Materie bei der Entwicklung eines Lebewesens, bei der dann individuelle organische Formen aus formloser Substanz entstehen. Auf dem Weg dahin wirken, laut Überlieferung, jedoch Einflüsse aus der Umwelt auf die Form, wodurch diese geprägt wird und das Individuum seine individuellen Züge erhält.

Der Bereich der Epigenetik gilt als das Bindeglied zwischen Umwelteinflüssen, Lebensbedingungen, Erfahrungen und Genen. Die Wissenschaft der Epigenetik erforscht, wie Erfahrungen und Ereignisse, traumatische Erlebnisse und Lebensbedingungen ihre Spuren in unseren Genen hinterlassen und welche Folgen dies auf uns und auf die nachfolgenden Generationen hat.

Wenn es um unsere Gene geht, wird übrigens manchmal von DNA und manchmal von DNS gesprochen. Der Unterschied ist die Sprache: Im Deutschen heißt sie Desoxyribonukleinsäure, abgekürzt DNS, im Englischen Deoxyribonucleic acid, abgekürzt DNA.

Die Geschichte der Epigenetik beginnt schon ca. 300 vor Christus. Hippokrates glaubte, dass wir kleine Stückchen von allen Teilen unserer Eltern erben. Und Aristoteles glaubte an eine Epigenese und meinte, dass Einflüsse aus der Umwelt dazukommen, die einen Einfluss auf unsere Entwicklung haben.

Im Jahr 1651 wollte William Harvey (1578-1657), ein englischer Arzt, Aristoteles' These weiter erforschen. Er sezierte Rehe und Küken, um zu verstehen, wie sich ein Embryo formt. Er kam zu der Überzeugung, dass sich Embryos schrittweise aus einem Ei statt aus winzigen, vollständig vorgeformten Körpern entwickeln.

1942 prägte Conrad Waddington (1905-1975) – ein englischer Entwicklungsbiologe – den Begriff der Epigenetik. Er stellte sich Entwicklung und Vererbung als Streitgespräch zwischen genetischer Information und Umwelt vor. Er gilt als wichtiger Vorläufer der Entwicklungsbiologie und als einer der Väter der Epigenetik.

Im Jahr 1953 beschreiben James Watson (geboren 1928), ein amerikanischer Molekularbiologe, und Francis Crick (1916-2004), ein englischer Physiker, die Struktur der DNS-Doppelhelix mit

Hilfe von vier Buchstaben des genetischen Alphabets. Die DNS wird als genetisches Erbmaterial erkannt. 1962 bekamen sie dafür den Nobelpreis.

1980 beginnt die Revolution der Gen-Sequenzierung. Die Wissenschaft gelangt zu der Ansicht, dass wir die Summe unserer Gen-Sequenzen sind.

Seit 1990 floriert die epigenetische Forschung. Wissenschaftler werden sich darüber bewusst, dass es nicht nur unsere DNS ist, die unseren biologischen Bauplan ausmacht. DNS-Methylierung und Histonmodifikation werden als wichtige Regulatoren der Genaktivität erkannt. Dieser chemische Prozess sorgt in unserer DNS dafür, dass Gene ein- oder ausgeschaltet werden.

Im Jahr 2000 verkündeten Craig Venter, Inhaber des Unternehmens Celera Genomics, und der damals amtierende Präsident der USA die Entschlüsselung des menschlichen Genoms. »Jetzt lernen wir die Sprache, mit der Gott das Leben erschuf«, so die Worte von Clinton. Fast ein Jahr später, im Februar 2001, veröffentlichte das »Human Genome Project« erneut die Entschlüsselung. Diese Arbeit war die erste, die einen wissenschaftlichen Begutachtungsprozess durchlaufen hatte. Man weiß heute, dass das menschliche Genom aus ca. 23.000 Genen besteht.

2004 stimmte die Europäische Kommission der Finanzierung des Epigenom-Exzellenznetzes zu, um hervorragende Leistungen auf dem Gebiet der Epigenetik in ganz Europa zu fördern.

In jeder einzelnen unserer ca. 80 Billionen Zellen (die Angaben schwanken zwischen 60 und 100 Billionen) ist der komplette Bauplan unseres Körpers enthalten. Die sich darin befindliche, eingerollte Doppelstrang-Helix ist ausgerollt circa zwei Meter lang. Sie enthält nicht nur die Erbinformationen unserer Eltern, sondern die gesamte Lebensgeschichte unserer Sippe, unsere eigenen karmischen Erfahrungen, die kollektiven Prägungen der Menschheitsgeschichte und Grundprogrammierungen, die in dem Ausmaß der Menschheit noch nicht bekannt sind. Sie enthält auch unendlich viel Potenzial, das wir noch nicht nutzen.

Rein theoretisch wäre es möglich, viel von diesem Wissen abzurufen und einen Zugang zu der riesigen Genbibliothek zu bekommen. Auch das wird in nicht allzu ferner Zeit für viele Menschen möglich sein. Die Wissenschaft hat bislang weniger als 10 % unserer Gene erforscht. Über 90 % hält die Wissenschaft für Junk-Gene, also für Abfall. Doch dass in unseren Genen Abfall existiert, ist für mich nicht vorstellbar, ist doch unser Körper mit all seinen Funktionen ein wahres Wunderwerk, und alle Bestandteile haben eine Berechtigung, sonst wären sie nicht da.

Bei uns Menschen reichen jedoch die Gehirnkapazität und die derzeitige energetische Frequenz noch nicht aus, um das volle Genpotenzial auch nur annähernd zu erfassen, geschweige denn zu nutzen. Wir wären überfordert. Von daher hat die Schöpfung in die DNS eine intelligente Lösung eingebaut: die Genschalter. Die DNS windet sich im Zellkern, bildet Schleifen und neue Kontaktstellen. Und das ist kein Zufall. So werden manche Gene von Schaltsequenzen aktiviert oder deaktiviert. Wissenschaftler des Encode-Projekts in den USA haben bislang vier Millionen Schalter des menschlichen Genoms entdeckt.

Die Genaktivität

Das Ein- und Ausschalten von Genen ist ein chemischer Prozess, der ständig in jeder unserer Zellen stattfindet. Er wird unter anderem von unserem Verhalten, unseren Erlebnissen, unserer Nahrung und unserem Umfeld geprägt.

In unserer DNS ist dies ein chemischer Prozess, in dem sich Methylgruppen an unsere Doppelhelix heften und so ein Gen ausschalten. Man spricht dabei auch von Methylierung.

Ein Gen wird eingeschaltet, indem der klein eingerollte DNS-Strang gelockert und dadurch abgelesen werden kann. Auch da setzt wieder ein chemischer Prozess ein, und Moleküle helfen bei diesem wunderbaren Vorgang.

Auf diesen faszinierenden körperlichen Prozess, der in jeder unserer 60 bis 100 Billionen Zellen ständig stattfindet, können wir Einfluss nehmen. Dies hat die Wissenschaft der Epigenetik in den letzten Jahrzehnten herausgefunden. Je nachdem, was wir essen, trinken, was wir denken, fühlen, mit was wir uns beschäftigen, ob wir glücklich oder unglücklich sind, in welchem Umfeld wir leben, all das steuert unsere Gene. Wenn wir eine therapeutisch erfolgreiche Sitzung machen, verändern sich nach kurzer Zeit die entsprechenden Gene. Das wurde inzwischen von Wissenschaftlern nachgewiesen. Unsere Gene hören, sehen und fühlen alles, was wir sagen, denken und mit was wir uns beschäftigen. Sie reagieren ständig auf alles, was in unserem inneren und äußeren Leben stattfindet.

Der noch recht junge wissenschaftliche Zweig der Epigenetik forscht weltweit und entwickelt Programme, besonders im gesundheitlichen Bereich, um immer weitere Einblicke in die Genaktivität zu bekommen und vor allem auch Lösungen zu finden, um die Genaktivität zu beeinflussen. Inzwischen ist vielfach bewiesen:

Nicht die Gene steuern uns, sondern wir steuern die Gene. Das Geheimnis der Gesundheit und wie wir ein erfülltes und glückliches Leben erreichen, liegt nicht ausschließlich im Text der Gene, sondern in der Regulation ihrer Aktivität. Und auf diese haben wir einen Einfluss. Gerade mit der Methode Genetic-Healing eröffnet sich uns eine neue Welt mit ungeahnten Möglichkeiten in der Genregulation, und dadurch haben wir einen enormen Einfluss auf die Gestaltung unseres Lebens.

Genetic-Healing basiert auf den Erkenntnissen der Epigenetik, arbeitet jedoch auf geistig-energetischer Ebene. Und wir wissen aus der Quantenphysik, dass wir all das erschaffen, worauf wir unsere Aufmerksamkeit richten.

Die Epigenetik erforscht also, wie Erfahrungen, Ereignisse, Lebensbedingungen und unser Umfeld unsere Gene beeinflussen. Unsere DNS ist wie eine riesige Bibliothek, die Gene sind wie ein Verzeichnis aller verschiedenen Möglichkeiten, was die Zelle tun kann. Die Zelle entscheidet jedoch, was sie umsetzt und was sie dazu braucht. Damit sie da gut klarkommt, bedient sie sich bestimmter Lesezeichen. Diese Lesezeichen sind chemische Marker, die sich auf die Gene setzen und dadurch bestimmte Gene einschalten und ablesen. Das ist der epigenetische Vorgang in unseren Genen. Die Gene an sich werden nicht verändert, lediglich die Genschalter können beeinflusst werden und dadurch die Aktivität der Gene.

Nach heutigem Stand der Wissenschaft haben wir ca. 23.000 Gene, die Anfang 2000 entschlüsselt wurden. A, C, G, T – das sind die vier Genbuchstaben, aus denen die Erbgutinformation eines Menschen geschrieben ist. Sie stehen für die Nukleinbasen Adenin,

Cytosin, Guanin und Thymin, deren Abfolge den Bau von Zellen programmiert. Rund drei Milliarden Buchstaben lang ist die DNS, die im Kern jeder Körperzelle enthalten ist. Wir bekommen unsere genetischen Erbanlagen zur Hälfte von der Mutter, die andere Hälfte vom Vater und damit erben wir die genetischen Eigenschaften unserer Eltern. Das sind die klassischen Erbinformationen. Dazu zählen die Haar- und die Augenfarbe, körperliche Merkmale wie die Größe der Ohren oder auch bestimmte Charaktereigenschaften – dazu wird aber nur die Veranlagung vererbt, nicht das Persönlichkeitsmerkmal an sich. Das ist ein wichtiger Unterschied. Diese Erbanlagen werden bei jedem Kind anders gemischt. Deshalb sehen sich Geschwister zwar oft sehr ähnlich, sehen aber nie ganz gleich aus. Diese Erbanlagen machen weniger als 10 % unseres Erbgutes aus. Auch das ist eine neue Erkenntnis. Früher glaubten die Experten, dass uns diese Erbanlagen zu 100 % ausmachen, wir damit leben müssen und diese nicht veränderbar sind.

> »Ein Witz zwischendurch: Marilyn Monroe flüstert Albert Einstein ins Ohr: »Wir sollten ein Kind machen. Stellen Sie sich vor, meine Schönheit und Ihre Intelligenz.« Einstein überlegt kurz: »Stellen Sie sich vor, es kommt umgekehrt!«

So die Journalistin Tanja Polli in einem Artikel der Zeitschrift »wireltern« aus Aarau in der Schweiz.

Es könnte natürlich auch andersherum kommen. Denn welches Kind welche Merkmale vom Vater und welches Kind bestimmte Merkmale von der Mutter vererbt bekommt, ist laut Wissenschaft reiner Zufall. Da es im Universum keine Zufälle gibt, hat es sicher auch einen Sinn, wer von den Eltern was und dann noch welchem

Kind vererbt. Es sind wie gesagt weniger als 10 % unserer Erbmasse, die diese elterliche Vererbung ausmachen.

Über 90 Prozent unserer Erbanlagen sind die epigenetischen Prägungen. Diese Erkenntnis ist noch recht neu und gibt große Hoffnung, denn dieses Erbe können wir verändern.

Epigenetische Prägungen

Unsere Eltern, Großeltern und Ahnen geben uns über die Gene nicht nur ihre ca. 10 % Erbanlagen weiter, sondern vor allem auch ihre Lebensbedingungen, das Umfeld, in dem sie aufwachsen, die Kultur, die Religion, ihre ganz persönlichen Erlebnisse, Einstellungen, ihr Umfeld, ihre Ängste und traumatischen Erfahrungen. Es macht genetisch einen Unterschied, ob ein Kind in der Wüste aufwächst, in einem Kriegsgebiet, in einer Großstadt oder in einem kleinen Dorf in den Bergen mit saftig grünen Wiesen. Einen Einfluss hat auch das Milieu, in das wir hineingeboren werden, die Kultur, die Religion, die gesellschaftlichen Strukturen und die Regeln, Werte, Gegebenheiten, die wir dort erfahren. Die Grenzen, die uns gesetzt werden, die Freiheit und Selbstentfaltung oder die Begrenzungen, die wir erfahren, das Vertrauen oder Misstrauen dem Leben gegenüber, das Erleben von Mangel oder Fülle.

Dabei ist die Schwangerschaft eine sehr wichtige Zeit, denn alles, was die Mutter in dieser Zeit erlebt und was sie in ihrem Umfeld an Erfahrungen macht, hinterlässt Spuren in den Genen des Embryos. In Stresssituationen beispielsweise produziert die Mutter sehr viel von dem Stresshormon Cortisol. Dies hat einen Einfluss auf die Methylierung der Gene des Kindes und kann für spätere Depressionen verantwortlich sein. Das Kind hatte vielleicht gute Voraussetzungen für ein freudiges Leben und erfährt nun durch diese epigenetischen Prägungen eine ganz andere Weichenstellung.

Inzwischen ist bekannt, dass die Ernährungsbedingungen der Eltern einen Einfluss auf den Stoffwechsel der Kinder haben und dass Stress und Vernachlässigung für depressive Nachkommen sorgen. Forscher haben an Mäusen beobachtet, dass sich sogar konkrete Ereignisse epigenetisch vererben lassen. Hatten die Großeltern gelernt, einen bestimmten Geruch zu fürchten, verhielten sich noch die Kinder und Enkelkinder auffällig, wenn sie das Aroma wahrnahmen – selbst beim ersten Mal, als sie damit in Kontakt kamen. Das konnten die Forscher Brian Dias und Kerry Ressler von der Emory University School of Medicine in Atlanta in einer großen Anzahl von Tests belegen. Unter anderem zeugten sie auch Mäuse der Enkelgeneration mit Hilfe künstlicher Befruchtung und ließen sie von fremden Müttern austragen und aufziehen. Selbst unter diesen Bedingungen waren die epigenetischen Prägungen der Geruchsempfindlichkeit noch vorhanden.

Es ist schon lange bekannt, dass auch bestimmte Nahrungsmittel die Genaktivität beeinflussen. Beim Aufbrühen von grünen Teeblättern zum Beispiel löst sich ein Stoff mit dem Namen Epigallocatechingallat (EGCG) heraus. Dieser Stoff reaktiviert ein Gen, das den Bauplan für einen Krebs bekämpfenden Stoff liefert. Auch bei Pflanzeninhaltsstoffen aus Kurkuma, Sojabohnen oder Kresse konnte nachgewiesen werden, dass sie epigenetisch aktive Enzyme beeinflussen und damit zumindest theoretisch eine krebsvorbeugende Wirkung haben und sogar die Epigenome von bösartigen Zellen verändern können.

Einfluss der Ernährung auf die DNA bei Bienen

Auch im Reich der Bienen wird deutlich, welche epigenetische Wirkung die Nahrung hat. Die Arbeiterbienen sind aktiv, intelligent und ständig darum bemüht, Futter für die Kolonie zu finden. Sie übernehmen die Aufgabe der Brutpflege, den Wabenbau und die Verteidigung, während ein Privileg allein der Königin vorbehalten bleibt: die Fortpflanzung. Bis zu 2000 Eier hat sie in einem speziellen Organ, die sie bei der Begattung mit den Drohnen auf ihrem Hochzeitsflug befruchtet bekommt. Dafür verbringt sie dann ihr ganzes Leben im Bienenstock, ohne jemals eine Blüte aufzusuchen. Zudem lebt sie länger als ihre fleißigen Untertanen. Das Erbgut beider Bienenkasten ist identisch. Da ist es schon erstaunlich, dass Königin und Arbeiterinnen so unterschiedlich in Gestalt und Verhalten sein können. Unter Biologen und Bienenzüchtern ist schon lange bekannt, dass ein Schlüssel zu dieser ungleichen Entwicklung der Bienen die Nahrung ist, die sie als Larven bekommen. Nur die zukünftigen Königinnen werden durch das gesamte Larvenstadium bis hinein ins Erwachsenenalter mit dem besonderen Saft namens Gelée Royale gefüttert. Arbeiterinnen erhalten dagegen nur anfangs diese Kraftnahrung, später aber nur noch ein einfaches Gemisch aus Blütenpollen und Nektar.

Wer also einen Honig-Pollen-Brei bekommt, wird eine normale Arbeiterbiene, und wer Gelée Royale bekommt, wird eine Königin. Der Honig-Pollen-Brei sorgt dafür, dass Gene für die Bienenentwicklung außerordentlich methyliert und dadurch ausgeschaltet werden. Umgekehrt enthält das Gelée Royale eine Fettsäure, die ausgeschaltete Gene epigenetisch wieder aktivieren kann. Ein Team aus deutschen und australischen Forschern hat das Genom von Bienen genauer untersucht. Ryszard Maleszka von der Australian National University in Canberra berichtet im Fachmagazin PLOS Biology, dass die DNA der Bienen je nach Futter tatsächlich unterschiedlich chemisch verändert wird. »Mit unserer Studie können wir zeigen, wie die Umwelt über die Ernährung direkt mit der DNA verknüpft ist. Umwelteinflüsse können die genetische Hardware vorübergehend modifizieren«, sagt Maleszka. Diese Ergebnisse sind weitreichend, denn die Enzyme, die bei den Bienen das Erbgut modifizieren, sind die gleichen, die auch im menschlichen Gehirn die DNA markieren.

Ernährung in der Schwangerschaft

So ist es auch bei uns Menschen. Die Ernährung in der Schwangerschaft hat einen direkten Einfluss auf das werdende Leben. Schon im Mutterleib lernt das Ungeborene vieles über die Welt, in die es einmal hineingeboren wird. Diese Erfahrungen wirken sich direkt auf die Gene aus. Isst die werdende Mutter zu viel, hat das Kind ein doppelt so hohes Risiko, später einmal an Übergewicht zu leiden. Manche Mütter meinen es gut und glauben, sie müssten während der Schwangerschaft für zwei essen. Das kann zu einer genetischen Fehlprogrammierung führen.

»Die ersten neun Monate im Mutterleib entscheiden über das Schicksal unserer Kinder«, sagt Andreas Plagemann von der Klinik für Geburtsmedizin der Berliner Charité. Er und sein Team haben Studien ausgewertet, die weltweit durchgeführt wurden. Das Resultat: Kinder mit einem Geburtsgewicht von mehr als vier Kilo werden in ihrem späteren Leben doppelt so häufig übergewichtig wie normalgewichtige Neugeborene. Kinder, die zu schwer auf die Welt kommen, weil die Mutter in der Schwangerschaft übergewichtig ist, sich zu wenig bewegt oder Diabetes entwickelt, werden in der Schwangerschaft an einen Zuckerüberschuss gewöhnt – und das in der entscheidenden Prägungsphase, nämlich dann, wenn alle wichtigen Steuersysteme im Gehirn heranreifen und eingestellt werden. Als Folge davon hält der kindliche Stoffwechsel den Zuckerüberschuss für den Normalfall und schlägt später Alarm, wenn er weniger bekommt.

Andersherum geschieht dasselbe: Auch Frauen, die während der Schwangerschaft mangelhaften Ernährungsbedingungen ausgesetzt sind, müssen mit Folgen für das Kind rechnen. Hier ist das System auf Mangel programmiert und hinterlässt epigenetische Marker. Diese Kinder sind ebenso geprägt und werden mit einer überdurchschnittlich hohen Wahrscheinlichkeit auch übergewichtig – selbst wenn sie dann in guten Verhältnissen mit ausreichender Lebensmittelversorgung aufwachsen. Die Marker wurden in der Schwangerschaft gesetzt und haben die entsprechenden Gene aktiviert.

Diese genetische Signatur kann dann auch an die nächste Generation weitergegeben werden, unabhängig davon, wie die Ernährungssituation dann ist. Es gibt Familien, da zeigt sich das Übergewicht in mehreren Generationen. Die Folgen von mangelnder Ernährung zeigt die nachfolgende Studie.

Der Hungerwinter 1944/45 in Holland

Es gibt eine groß angelegte Studie an der Universitätsklinik Amsterdam über die epigenetischen Folgen der Ernährung und von Kriegstraumata.

Im Winter 1944/45, der auch als Hungerwinter in die Geschichte einging, brach unter der deutschen Besatzung die Lebensmittelversorgung in Holland komplett zusammen. Über 20.000 Menschen verhungerten in dieser Zeit und alle hungerten. Berichten zufolge aßen die Menschen aus lauter Verzweiflung Blumenzwiebeln. Eine humanitäre Katastrophe, deren Auswirkungen Wissenschaftler bis heute verfolgen. Frauen, die während dieser Zeit schwanger waren, brachten untergewichtige Babys zur Welt. Das ist auch aus anderen Kriegsgebieten bekannt. Das Überraschende der Studie ist jedoch, dass die Folgen bis heute zu spüren sind. In dieser Zeit wurden ca. 40.000 Kinder geboren. In Holland wurde dies alles genau dokumentiert: Geburten, das Gewicht der Neugeborenen, Sterbefälle, spätere Krankheiten. Den Forschern um Professor Tessa Roseboom ist es gelungen, viele der Menschen ausfindig zu machen, die in diesem Hungerwinter geboren wurden, und sie für die Studie zu gewinnen.

Die Untersuchungen zeigen, dass diese Menschen überdurchschnittlich häufig an Herz-Kreislauf-Erkrankungen leiden sowie an Übergewicht, Brustkrebs, Diabetes, psychischen Krankheiten bis hin zur Schizophrenie. Jene Föten, die während der Schwangerschaft der Hungersnot ausgesetzt waren, entwickelten auch überdurchschnittlich viele obstruktive (verschleppte) Lungenkrankheiten und Nierenkrankheiten. Kinder, deren Mütter zu Beginn der Schwangerschaft die Hungersnot erlebten, haben mehr Arteriosklerose, eine veränderte Blutgerinnung, leiden vermehrt unter Fettleibigkeit und die Herz-Kreislauf-Krankheiten sind verdreifacht. Töchter von Müttern, die während der Hungersnot schwanger waren, litten in der Mitte des Lebens überdurchschnittlich häufig unter einer Bauchfettsucht und Insulinresistenz, und ihre Söhne hatten eine höhere Rate an Schizophrenie und Überempfindlichkeit gegen Stress.

Das Erstaunliche war, dass diese Frauen, die damals mit dem niedrigen Geburtsgewicht zur Welt kamen, ebenfalls untergewichtige Babys zur Welt brachten, obwohl es längst wieder genug zu essen gab. Und auch diese Kinder, also die Enkel der Kriegsgeneration, litten überdurchschnittlich oft an Krankheiten wie Diabetes, Übergewicht, Herz-Kreislauf-Erkrankungen und psychischen Krankheiten.

Die Erbsubstanz der Enkel enthielt also auch Informationen über die Lebensbedingungen der Großeltern. In jedem Fall hat sich die Familiengeschichte in der Seele und in den Genen der Nachkommen weitervererbt.

In Deutschland folgten noch zwei Hungerwinter, 1945/46 und 1946/47, mit ähnlichen gesundheitlichen Folgen für die Bevölkerung.

Fest steht laut Auskunft der Forscher, dass der Buchstabencode der DNS nicht verändert wurde. Lediglich die Schalter einiger Gene wurden umgelegt, und diese Information wurde durch die Zellteilung nach der Zeugung an die nächste Generation weitergegeben. Solche extremen Ereignisse sind in der Lage, Gene an- oder auszuschalten, und hinterlassen über mehrere Generationen hinweg diese Information im Erbgut.

Die Studie von Överkalix

Der kleine Ort Överkalix in Schweden ist inzwischen bei Epigenetikern weltberühmt geworden. Hier hat man entdeckt, wie sich Hungersnöte oder zyklische Ernährungsphasen auf spätere Generationen ausgewirkt haben.

War die Ernte schlecht, mussten die Menschen hungern. In guten Jahren lebten sie im Überfluss. Alles, was wuchs, wurde gegessen. Völlerei und Mangel. Es gab extreme Schwankungen, was die Essensrationen anging.

Die Auswirkungen der Hungersnöte auf die Bevölkerung wurden untersucht, und der Wissenschaftler Lars Olof Bygren erkannte erstaunliche Zusammenhänge. Hatte der Großvater gehungert, lebten seine Kinder und sogar die Enkel länger und gesünder.

Umgekehrt zeigte sich: Wenn der Großvater im Überfluss aufwuchs und im Alter von ungefähr 9 bis 12 Jahren sehr viel zu essen hatte, war das schlecht für die Enkel. Sie hatten dann eine geringere Lebenserwartung und litten viel häufiger an Diabetes. Die Ernährung wirkte sich noch mehrere Generationen später aus. Was der Großvater erlebt hatte, beeinflusste die Gesundheit der Enkel.

Lange glaubte die Wissenschaft, dass diese Form von Vererbung nicht möglich sei. Erst die Forschungen der Sozialwissenschaftler Lars Olof Bygren und Gunnar Kaati brachten neue Erkenntnisse auf diesem Gebiet. Sie fanden heraus, dass es entscheidend war, in welche Lebensphase die Hungersnöte fielen. Wenn die Großeltern hungerten, als sie ihre Keimzellen bildeten, lebten die Enkel länger. Dies ist im Alter von ca. 9 bis 12 Jahren bei Jungen der Fall. Bei den Mädchen entwickeln sich die Eizellen schon als Fötus, im Bauch der Mutter. Die Keimzellen können dann Informationen aus dem Umfeld speichern. Eizellen und Spermien können Informationen über die Umwelt weitergeben, so verändern sie die Genaktivität in der nächsten Generation. Das heißt, wenn ein Baby zur Welt kommt, ist es schon an die Lebensbedingungen seiner Vorfahren angepasst.

In den beiden erwähnten Studien wurde das Augenmerk auf die Ernährung ausgerichtet. Welche Folgen der Krieg und die Hungersnöte außerdem für die Betroffenen hatten, ist in den Studien nicht untersucht worden.

Weltweit gibt es immer mehr Untersuchungen, wie sich unser Umfeld, die Ernährung und die Ereignisse auf unser Erbgut auswirken. Fest steht, dass emotional berührende Erfahrungen ihre Spuren in der DNS hinterlassen, indem sie bestimmte Gene ein- oder ausschalten.

Armut hinterlässt Spuren in den Genen

Wissenschaftler der Duke University in North Carolina (USA) konnten in einer Studie (vorgestellt im Fachmagazin Molecular Psychiatry) von 2016 nachweisen, dass Armut Spuren in den Genen von Kindern hinterlässt. Kontinuierlicher Stress beeinflusst bestimmte Genabschnitte im Erbgut, die wiederum psychische Krankheiten begünstigen können.

Hierfür untersuchte das Team um den Neurowissenschaftler Ahmad Hariri chemische Markierungen, auch Methylgruppen oder Molekülketten genannt, die das Auslesen von Genen steuern. Dabei ging es vor allem um ein Gen, das für den Transport des Glückshormons Serotonin im Gehirn zuständig ist. Die Versuche zeigten, dass jene Kinder, die in armen Verhältnissen aufgewachsen sind, eine verstärkte Methylierung jenes Gens aufwiesen, das für den Serotonintransport verantwortlich ist. Solche chemischen Markierungen bestimmen, ob ein Gen aktiviert oder stillgelegt wird, wobei sich die im Gen enthaltenen Informationen nicht verändern. In den untersuchten Fällen führte die Anheftung von Methylgruppen dazu, dass weniger Transportzellen gebildet werden. Die Gehirnzellen wiederum laufen dadurch Gefahr, weniger Serotonin zu erhalten. Zudem wurde das Angstzentrum bei Kindern aus armen Haushalten stärker aktiviert als bei wohlhabenden Kindern. Beides kann im Erwachsenenalter Depressionen begünstigen. Diese Studie zeigt, wie viele andere auch, dass Gene durch äußere Gegebenheiten beeinflusst werden.

Inzwischen ist erwiesen, dass etwa die Hälfte aller Kinder, deren Eltern an einer Depression leiden, bis zum Erwachsenenalter selbst an einer Depression erkranken. In Deutschland erkrankt jeder Vierte im Laufe seines Lebens an einer Depression oder Angststörung. Chemische Marker haben entsprechende Gene aktiviert. Dabei gibt es vielfältige Folgen der Krankheit, die die Angehörigen mittragen und die epigenetisch ihre Spuren hinterlassen. In Familien mit depressiv Kranken gelten besondere Regeln: Da heißt es leise sein, es gibt oft Streitigkeiten zu Hause, die Kinder fühlen sich verantwortlich und versuchen, die Eltern aufzuheitern, sie passen sich an, ziehen sich in sich selbst zurück und können oft mit niemandem darüber reden. Sie fühlen sich schuldig, wenn es dem Vater oder der Mutter schlecht geht, und schämen sich dafür.

Diese Verhaltensweisen wirken bis ins Erwachsenenalter und beeinflussen Beziehungen, den beruflichen Bereich und ganz besonders die eigene Persönlichkeitsentwicklung. Diese Menschen haben entsprechende Codierungen in den Genen, die wirken und die nicht einfach zu lösen sind – und sie werden an die nachfolgende Generation weitergegeben.

Ich habe oft das Gefühl, dass wir uns nicht wundern müssen über die Gegebenheiten auf unserem Planeten und das Verhalten der Menschen. Und ich frage mich oft: Wie frei und selbstbestimmt sind wir wirklich? Wir leben so oft das Leben unserer Eltern, der Großeltern oder der Urgroßeltern. Doch durch die Erkenntnisse der Epigenetik und das neue Wissen um die generationsübergreifenden Vererbungen – und natürlich deren Lösung – haben wir die große Chance, das Leid der Vergangenheit endlich hinter uns zu lassen.

Pränatale Prägungen

Die pränatale Phase ist die Zeit vor der Geburt. Die Vorgänge, die während oder unmittelbar nach der Geburt stattfinden, nennt man perinatale Phase. Ereignisse nach der Geburt werden als postnatal bezeichnet. Immer aus der Sicht des Kindes. In diesen neun Monaten der Schwangerschaft findet ein enorm schnelles Wachstum statt. Im dritten Monat sind bei dem ca. 8 cm langen und 30 Gramm schweren Embryo praktisch schon alle wichtigen

Organe angelegt, wenn sie auch noch nicht voll funktionieren. Die menschliche Gestalt ist schon ausgeprägt. Arme, Beine und Finger sind sichtbar.

Informationen des Kindsvaters

Der Wiener Gynäkologe und Wissenschaftler Prof. Dr. Dr. Johannes Huber hat etwas Sensationelles herausgefunden: Durch die Verbindung von Mutter und Kind gehen einige Zellen des Kindes über den Blutkreislauf in den Körper der Mutter über und werden dort gespeichert. Die Zellen des Kindes enthalten die kompletten Informationen des Vaters. Das heißt, von jeder Schwangerschaft sind Spuren im Körper einer Frau nachweisbar, und damit werden auch Informationen des Kindsvaters gespeichert. Das bedeutet, dass diese Informationen in Spuren an die nachfolgenden Kinder weitergeben werden, auch dann, wenn es Fehlgeburten oder Abtreibungen gab. Immer bleibt etwas zurück im System der Frau. Wer von uns wusste das schon?

Für Frauen hat dies eine besondere Bedeutung, denn sie tragen Informationen von all ihren Kindsvätern und deren epigenetischen Prägungen in sich. Auch in der Geschwisterreihe bekommt dieser Aspekt nochmals eine besondere Bedeutung. Jedes Kind hat demnach auch Informationen von den Vätern der Halbgeschwister in sich. Das gesamte Ausmaß dieser Verbindung zeigt sich auch da wieder: Alle sind mit allen verbunden.

Verlorener Zwilling

Ein relativ häufig vorkommendes Ereignis, das in der Mutter und vor allem in einem Embryo Spuren hinterlässt, ist ein sogenannter verlorener Zwilling oder auch Drilling. Oftmals gibt es mehrere befruchtete Eizellen. Bis zum dritten Schwangerschaftsmonat kann es passieren, dass ein Zwilling durch eine Schmierblutung abgeht oder auch von der Plazenta (oder in seltenen Fällen auch von dem überlebenden Fötus) aufgenommen wird. Dieser hat somit einmal die Erfahrung der innigen Gemeinschaft mit seinem Geschwisterchen gemacht, andererseits spürt er auch den Verlust, wenn der Zwilling geht. Dieses schmerzhafte Ereignis kann ihn ein Leben lang begleiten. Solche Menschen haben oft das Gefühl, sie seien nicht vollständig, ihnen fehle etwas. Anschaffungen werden oft doppelt gemacht. Sie sind auf der Suche nach etwas und wissen meist nicht, was es ist, können sich oft mit ihrem eigenen Namen nicht identifizieren. Häufig können sie auch nicht allein sein und suchen immer nach Gemeinschaft. Das kann ein Hinweis auf einen verlorenen Zwilling sein. Die schwangere Frau merkt oft gar nicht, dass es einen Abgang gab. Hier ist ein heilendes Ritual, besonders für das überlebende Kind, hilfreich.

Pränatale Erfahrungen

Schwangerschaft, Geburt und die ersten Jahre danach sind ein sehr wichtiges Zeitfenster im Leben eines jeden menschlichen Individuums. Die Mechanismen, die dazu führen, dass vorgeburtliche Situationen lebenslange Spuren hinterlassen und diese sogar auf weitere Generationen vererbt werden, werden heute weltweit erforscht. Diese epigenetischen Prägungen haben für

Körper, Geist und Seele des neuen Lebens eine folgenschwere Bedeutung, denn es erfolgt eine Weichenstellung für spätere Gesundheit oder Krankheit. Schon bei der Zeugung werden im Körper der Mutter die Umstände gespeichert, wie das Erlebnis für sie war. Gab es zum Zeitpunkt der Zeugung Gewalteinwirkung, Alkohol, Krankheiten? Es macht einen großen Unterschied, ob die Schwangerschaft erwünscht oder ungeplant war. Wie reagiert der Vater, die Familie, das Umfeld auf die Schwangerschaft? Gab es Abtreibungsversuche? Diese können dazu führen, dass sich das Kind zeitlebens abgelehnt, ungeliebt, nicht gewollt und nicht zugehörig fühlt. Dass es Todesängste, Depressionen bis hin zu Suizidgedanken entwickelt.

Wie oft kommen Menschen zum Familienstellen und berichten, dass sie nicht gewollt waren. Das wurde ihnen auch im Erwachsenenalter immer wieder bestätigt. »Dich hätten wir nicht mehr gebraucht.« Dieser Satz wurde einer Frau von ihrer Mutter immer wieder gesagt. Sie wurde als jüngstes von vier Kindern geboren. Zeitlebens hat sie sich nicht zugehörig gefühlt, »überflüssig«, wie sie sagt. Sie konnte beruflich nie richtig Fuß fassen, und eine erfüllte Partnerschaft war auch nicht möglich. »Ich bin zu nichts zu gebrauchen« – das war dann die Überzeugung, mit der sie durch ihr Leben ging und die sich immer wieder bestätigte.

Es ist heute wissenschaftlich belegt, dass nicht nur Toxine auf den Fötus einwirken, sondern auch die mütterliche Ernährung, ihr psychisches Befinden, ihr Umfeld, das Alltagsverhalten, eben alles, was sie erlebt. Es ist leider nicht immer so, dass sich das Ungeborene im Mutterbauch in einem geschützten, warmen Umfeld entwickeln kann, rund um die Uhr mit allem bestens versorgt wird und weich gebettet vor der bösen sowie lauten Welt geschützt ist. Viele Lebewesen erfahren von Anbeginn ihrer Entwicklung an Stresssituationen, denen die Mutter ausgesetzt ist und über die sie epigenetisch geprägt werden. Oft haben sie ein Leben lang darunter zu leiden.

Steht die Mutter zum Beispiel unter großem psychischen Stress, verändert sich beim Fötus die Herzfrequenz, das Bewegungs- sowie das Ruhe- und Aktivitätsmuster. Dauert der Stress an, kann er die Empfindlichkeit für eine Vielzahl von späteren Erkrankungen fördern, weil das Immunsystem geschwächt und verändert wird. Studien zeigen, dass Kinder von Müttern mit Depressionen oder pränatalen Angststörungen ein höheres Risiko für psychische Erkrankungen, Aufmerksamkeitsstörungen wie ADHS und Stressempfindlichkeit haben.

Gewalterfahrung in der Schwangerschaft

Die Auswirkungen von sexualisierter Gewalt sowie von Gewalt in der Beziehung auf die Gesundheit von Frau und Kind während der Schwangerschaft und Geburt sind besonders schwerwiegend. Die Kinder, die im Mutterleib dieser Gewalterfahrung ausgesetzt sind, werden in ihrem späteren Leben sehr viel anfälliger für Stress und Ängste und auch für psychische Krankheiten.

Die Arbeitsgruppen des Psychologen Professor Thomas Elbert und des Evolutionsbiologen Professor Axel Meyer von der Universität Konstanz zeigten auf, dass eine andauernde Bedrohungssituation bei einer Schwangeren eine epigenetische Veränderung im Rezeptorgen des Kindes bewirkt – einer Erbanlage, die mit Verhaltensauffälligkeiten und der Anfälligkeit für seelische Erkrankungen in Zusammenhang gebracht wird.

Die Genaktivität dieser Kinder verändert sich, und dieses Muster wird dann oft an die nachfolgenden Generationen weitergegeben. Einige Generationen später gibt es meist keine Informationen mehr von solchen Gewalterfahrungen, und dennoch sind die entsprechenden Gene eingeschaltet. So ist es, um ein solches Thema bei sich selbst und den Nachkommen nachhaltig auflösen zu können, äußerst wichtig, zum Ursprungsereignis zu gehen, dort zu transformieren und die entsprechenden Gene zu deaktivieren. Sonst bleibt die Information als energetische Signatur in den Genen vorhanden.

Mein Weltbild

Bevor ich dich, liebe Leserin, lieber Leser, mit in die Arbeit eines Genetic-Healing-Coaches nehme, möchte ich dir erklären, was die Grundlage meines Weltbildes ist und wie ich diese wunderbare Transformationsmethode anwende.

Genetic-Healing beruht auf den Erkenntnissen der Epigenetik, ist jedoch eine rein energetische Arbeit, die mit Frequenzen und Informationen arbeitet. Ich hatte schon immer die innere Gewissheit, dass alles zusammengehört und miteinander verwoben ist. Wie oben, so unten – wie innen, so im Außen. Wie im Kleinen, so im Großen. So gehe ich auch davon aus, dass wir als Mensch nicht nur mit unserer Familie und Sippe verbunden sind, sondern dass wir auch als Kollektiv der Menschheit und aller Lebewesen zusammengehören. Ich glaube, dass es eine Kraft gibt, die alles steuert und zusammenhält, und dass wir daran teilhaben. Mit dieser Kraft sind wir alle verbunden, ob uns dies bewusst ist oder nicht. Weiterhin glaube ich, dass wir eine multidimensionale, unsterbliche Seele sind, die in allen Teilen des Universums und darüber hinaus Erfahrungen macht. Jetzt ist sie gerade hier in dieser Zeitlinie und erfährt sich als Teil des großen Wandlungsprozesses.

Unsere Seele hat viele Möglichkeiten, sich zu erfahren und sich aufzuteilen, so dass gleichzeitig unendlich viele Erfahrungen möglich sind. Diese Seelenanteile, die jetzt gerade hier in diesem Leben sind und die wir bewusst erfahren, diese Anteile, die jetzt dieses Buch lesen, sind ein kleiner Aspekt unserer Seele. Wir nehmen nur diesen Bereich, den wir gerade erleben, wahr und haben dabei einen Tunnelblick. Was und wer wir noch sind, welche Möglichkeiten wir in Wahrheit haben, liegt noch außerhalb unserer Wahrnehmung. Wir sind jedoch auf dem besten Weg, dieses unendliche Wissen darum immer mehr in unser Bewusstsein zu bringen.

Es kann sein, dass andere Seelenanteile von uns auf anderen Ebenen und in anderen Zeitlinien Erfahrungen machen. Das, was wir frühere Leben nennen, gibt es im Prinzip nicht. Dieser Begriff hat sich in unserem linearen Denken so manifestiert. Es gibt die lineare Zeit, so wie wir sie wahrnehmen, nur in unserer Dimension. In Wirklichkeit ist alles jetzt und findet in verschiedenen Zeitlinien oder auch Erfahrungsebenen statt. Man könnte auch sagen: in Paralleluniversen.

Stellen wir uns das Ganze als einen großen Kreis mit vielen Punkten darin vor. Der Kreis ist unsere Seele, die Punkte darin sind unsere Erfahrungen, die wir machen. Beleuchten wir jetzt einen Punkt, richten also einen Scheinwerfer darauf, können wir sehen, was da gerade passiert. Das nennen wir dann frühere Leben. Die einzelnen Punkte stehen miteinander in Verbindung und tauschen sich aus. Stellen wir uns weiter vor, die einzelnen Punkte in diesem Kreis sind farbig. Die weißen Punkte sind Erfahrungen, die für uns sehr schön waren. Die roten Punkte sind Erfahrungen, die noch nicht abgeschlossen sind. So kann es sein, dass wir in einem Leben (also an einem Punkt) ein traumatisches

Erlebnis hatten und energetisch da noch angebunden sind. Hier dürfen wir noch Erfahrungen machen, damit das Thema heilen kann. Ist das in diesem bestimmten Leben nicht möglich, nehmen wir es als energetische Signatur in unserer Seele und unseren Genen mit. An einem anderen Punkt, sprich in einem anderen Leben/in einer anderen Zeitlinie, haben wir die Möglichkeit, dieses Trauma zu beleuchten und zu heilen. Es gibt Punkte, um bei diesem Bild zu bleiben, da haben wir besondere Erfahrungen in Beziehungen gemacht, mit Verlust, Gewalt oder Missbrauch. In anderen mit Armut und Mangel, mit Krieg und Ohnmacht, wieder in anderen mit Reichtum, Wohlstand und Fülle, mit Täter-Opfer-Strukturen, um nur einige aufzuzählen. Das gesamte Spektrum unseres Menschseins ist als Erfahrung möglich. Von der höchsten Wonne bis zum größten Schmerz. Was an einem Punkt nicht vollständig erfahren wurde, kann dann in einem anderen noch einmal erlebt und vollendet werden.

Unsere Seele mit all ihren Anteilen ist verbunden mit der höchsten Instanz in unserem Universum, mit der Quelle, mit dem Göttlichen. Dort ist unser Hohes Selbst, wie wir es oft nennen, und wacht über unsere Erfahrungen. Mit dieser Ebene stehen wir immer in Verbindung, meist ist uns dies jedoch nicht bewusst. Es gibt geistige, universelle Gesetze, die in unserem Universum wirken und die die Grundlage unserer Erfahrungen sind. Unser Hohes Selbst wacht darüber, dass wir diese Gesetze einhalten. Nachfolgend gebe ich einen Einblick in die geistigen Gesetze.

Die geistigen Gesetze

Die geistigen oder kosmischen Gesetze wurden erstmals von Hermes Trismegistos Thot erwähnt, der ca. 3.000 vor Christus im alten Ägypten gelebt und gelehrt hat. Er wurde als Bote zwischen den Menschen und Gott verehrt. Seine Wissenschaft wurde Hermetik genannt, und er sollte die Menschen wieder zu ihrem ursprünglichen göttlichen Wesen zurückführen. Eine wesentliche Erkenntniss dieser Gesetze ist, dass wir selbstverantwortliche Wesen sind, die eine außerordentliche Macht haben und bewusst ihr Leben und die Umstände gestalten können. Wir haben nun schon über 5.000 Jahre die Möglichkeit, dieses zu erkennen und danach zu leben – und haben doch so wenig daraus gemacht. Wobei die Gesetze lange Zeit als Geheimlehre galten und nur Eingeweihten zugänglich waren.

Die kosmischen Gesetze wirken unabhängig davon, ob wir sie kennen und daran glauben – oder nicht. Sie wirken tagtäglich in unserem Leben und beeinflussen uns. Von daher ist es hilfreich, sie zu kennen und sie bewusst für das eigene Leben einzusetzen. Es gab in der Geschichte immer Menschen, die diese Gesetze kannten und für ihre Ziele nutzten. Besonders die Oberen der Religionen haben sie in einer Weise gelehrt, die ihrer eigenen Macht dienlich war.

Die 7 geistigen/kosmischen Gesetze

1. Das Gesetz der Geistigkeit.
   Das Universum ist geistig. Alles Stoffliche entwickelt sich aus dem Geistigen. Allem Sichtbaren geht ein geistiger Prozess voraus.

2. Das Gesetz der Analogie.
   Wie oben, so unten. Wie innen, so außen. Wie im Kleinen, so im Großen.

3. Das Gesetz der Schwingung.
   Nichts ruht, alles ist in Bewegung, alles schwingt, alles ist Schwingung.

4. Das Gesetz der Polarität.
   Alles ist zweifach, alles ist polar, alles hat zwei Seiten, Gegensätze sind ihrer Natur nach identisch, nur im Grad ihres Ausdrucks verschieden. Alle Wahrheiten sind nur Halbwahrheiten.

5. Das Gesetz des Rhythmus.
   Rhythmus gleicht aus. Der Ausschlag des Pendels nach rechts ist das Maß für den Ausschlag nach links. Dieses Gesetz sorgt für die Höhen und Tiefen, das Auf und Ab des Lebens.

6. Das Gesetz von Ursache und Wirkung.
   Jede Ursache hat ihre Wirkung, jede Wirkung hat ihre Ursache. Zufall ist nur ein Begriff für ein unerkanntes Gesetz.

7. Das Gesetz des Geschlechts.
   Geschlecht ist in allem. Alles trägt männliche und/oder weibliche Qualitäten in sich. Der Mensch kommt erst dann in seine volle Schöpferkraft, wenn diese beiden Kräfte in ihm in Balance sind.

Die Gesetze erfordern einiges an Verständnis und eine intensive Zeit der Auseinandersetzung mit ihnen, um die komplexen Zusammenhänge in der Tiefe zu verstehen und auch anwenden zu können. Diese Gesetzmäßigkeiten wirken im Universum, und wir tun gut daran, uns gerade in der Zeit des Wandels näher damit zu beschäftigen.

Eine umfassende Transformation

Nun ist nicht nur unsere Seele mit der höchsten Ebene verbunden, sondern auch unser Körper, der die jeweiligen Erfahrungen macht. Wir sind energetisch eingebunden in ein riesiges Netzwerk, das von unserem physischen Körper über unsere Chakren, das sind die Energiezentren unseres Körpers, über unsere feinstofflichen Körper um unseren physischen Körper herum und um unsere Aura ausgeht. In unserem physischen Körper haben wir ca. 60 bis 100 Billionen Zellen. In jede Zelle ist unsere Doppelstrang-DNS eingebunden, in der alle Informationen codiert sind, die jemals als Erfahrung gemacht wurden und werden. Von den bisher ca. 23.000 entschlüsselten Genen werden diese abgelesen und an unser System weitergegeben, wenn wir sie für unsere jeweilige Erfahrung brauchen. Alle anderen sind in einem Standby-Modus und warten darauf, dass wir sie irgendwann nutzen.

Nun ist es so, dass alle Seelen in einen solchen Kreis mit vielen bunten Punkten eingebunden sind. Unabhängig davon, wo und in welchem Teil des Universums sie sich gerade befinden, ob sie eine irdische Erfahrung machen oder auf einer höheren geistigen Ebene verweilen. Alle Kreise sind miteinander verbunden und stehen in energetischem Austausch miteinander. So kannst du dir vorstellen, wenn ich in meinem Kreis ein Beziehungsthema heile, dass alle anderen Kreise, die mit diesem Thema verbunden sind, davon profitieren können. Besonders natürlich diejenigen, die mit an der Erfahrung beteiligt waren. Das sind sehr oft unsere Partner, Freunde, Kollegen und natürlich unsere Familie und die Ahnenreihe. Mit ihnen machen wir immer wieder intensive Erfahrungen. Umgekehrt ist es genauso: Wenn eine andere Person ein Thema löst, mit dem ich energetisch verbunden bin, dann kann ich an der Transformation teilhaben. So kann es sein, dass in einer Genetic-Healing-Arbeit unzählige Menschen und Seelen davon profitieren.

Das Ursprungsereignis

In einer Genetic-Healing-Sitzung gehe ich immer zum Ursprung einer Thematik. Also zu dem Punkt, an dem das Ereignis, das dann irgendwann zum Problem wurde, stattgefunden hat. Das kann vor vielen Generationen oder in einer anderen Zeitlinie sein. In der Regel gibt es keine bewussten Informationen mehr darüber. Doch die braucht es auch nicht, über die Verbindung mit dem Klienten und dessen Energiefeld und natürlich mit Hilfe der Hathoren kommt das in den Fokus, was einmal die Ursache war und jetzt erlöst werden darf. Es ist wichtig, zum Ursprung zu gehen, damit alles, was mit dem Ereignis in Zusammenhang steht, und vor allem auch alle beteiligten Personen erlöst werden können. Oftmals waren es traumatische Ereignisse, und die Beteiligten haben einen Schock erlitten, der energetisch noch bei den Nachkommen wirkt.

Ist das Ereignis, egal, was da stattgefunden hat, transformiert, kann die komplette Ahnenreihe von der Lösung profitieren. Ich stelle in einem Ritual der Ahnenreihe und allen Beteiligten auf energetischer Ebene diese transformierte Information zur Verfügung. Man kann sich das wie ein Heilpaket vorstellen, das sie bekommen. Die jeweiligen Seelen treffen jedoch immer selbst die Entscheidung, ob sie die Heilung annehmen oder nicht. Hierbei ist es unerheblich, ob die Beteiligten noch leben oder in einer anderen Ebene weilen. Die Transformation geschieht auf Seelenebene. Unsere Seele ist unsterblich, und die Transformation findet jenseits von Raum und Zeit statt. Das heißt, dass sie überall wirkt. Da wir alle mit allem verbunden sind, erreicht die Transformation alle, die mit einbezogen werden, und die, die zustimmen.

Wäre unsere Seele eine Eisenbahn ...

... hätte sie viele Waggons, die miteinander verbunden wären. Jeder Wagen wäre ein Leben, eine Inkarnation. Die Insassen wären die Menschen, mit denen wir zusammen in diesem Leben sind und Erfahrungen machen. An vielen Bahnhöfen bliebe der Zug stehen, es würden Menschen einsteigen, es würden Menschen aussteigen.

Vererbte Gewalterfahrung Gewaltfantasien: Beispiel

Die Folgen einer solchen Prägung, die ihren Ursprung in einem Ereignis hatte, das mehrere Generationen zurücklag, zeigt das Beispiel eines jungen Mannes: Er kam in meine Praxis und suchte Hilfe, da er immer wieder Gewaltfantasien hatte, wenn er mit seiner Partnerin intim war und auch wenn sie Zärtlichkeiten austauschten. Er hatte dann den inneren Drang, seine Partnerin zu schlagen, zu quälen und ihr den Hals zuzudrücken, bis sie keine

Luft mehr bekam. Die Partnerin vermied inzwischen ein körperliches Zusammensein mit ihm, da sie eine große Angst entwickelt hatte, dass er seinem Drang nachgeben könnte. Sie sprachen offen darüber, es änderte sich jedoch nichts. Die inneren Bilder, verbunden mit dem Drang zu Gewalt, zeigten sich immer öfter bei ihm, manchmal auch in anderen alltäglichen Situationen. Er hatte sich schon einige Male therapeutische Hilfe geholt, wobei sich sein Zustand danach auch kurzzeitig verbesserte. Nach einigen Wochen war jedoch alles wieder so wie vorher. Er konnte sich sein Verhalten nicht erklären, da er selbst ohne jegliche Gewalterfahrung aufgewachsen war. Auch seine Eltern konnten keinen Zusammenhang mit Gewalt in der Familiengeschichte herstellen.

In der Genetic-Healing-Sitzung zeigte sich, dass das Ursprungsereignis fünf Generationen zurücklag. Es zeigte sich, dass eine Ahnin permanenter körperlicher und sexueller Gewalt ausgesetzt war – und dies auch in der Zeit der Schwangerschaft. Damals hatten diese Ereignisse Spuren in den Genen des heranreifenden Kindes hinterlassen. Diese wurden dann von Generation zu Generation weitergegeben – bis zu dem jungen Mann, über hundert Jahre später. In der Sitzung konnten wir die gesamte Situation transformieren und die entsprechenden Genschalter deaktivieren. Diese transformierte Information wurde energetisch allen Beteiligten und den nachfolgenden Generationen zur Verfügung gestellt, so dass jede Seele selbst entscheiden kann, ob sie dieses Heilpaket annehmen möchte.

In der Regel wird diese transformierte Information sehr gerne angenommen, da unsere Ahnen, die sich unter Umständen in der Zwischenzeit auf einer ganz anderen Erfahrungsebene befinden, dies dort nicht verändern können. Von daher ist es auch eine unserer Aufgaben, die unerlösten Themen unserer Ahnen zu transformieren.

Wir haben dann eine energetische Signatur in unseren Genen, die auf solche Ahnenthemen aufmerksam macht und die dann auch Teil unseres Lebensplanes sind. Wir bekommen immer Hinweise, wenn es noch Themen gibt, die unsere Ahnen zurückgelassen haben und die jetzt geheilt werden wollen. Oftmals zeigt es sich über bestimmte Verhaltensweisen, Ängste oder sonstige hindernde Strukturen, so wie bei meinem Klienten, dass es noch ein unerlöstes Trauma in der Sippe gibt. So konnte nicht nur der junge Mann frei von seiner großen Belastung werden, auch die Ahnen konnten von dieser Transformation profitieren. Ich konnte dann bei meinem Klienten noch die Genschalter für diese Prägung in den Genen energetisch deaktivieren, so dass er es nicht mehr an seine Nachkommen weitergibt, denn er und seine Freundin haben einen großen Kinderwunsch. Vielleicht musste das Trauma, das vor langer Zeit passiert war, erst geheilt werden, bevor sich eine neue Seele diesem jungen Paar anvertraut. So meinte es jedenfalls die Partnerin meines Klienten. Sie waren beide sehr glücklich und dankbar, dass sie jetzt eine neue Form der Partnerschaft leben konnten.

Oftmals spüre ich in einer Genetic-Healing-Sitzung, wenn ich tief mit einer Ahnenlinie verbunden bin, dass ein großer Hilfeschrei von ihnen ausgeht. »Helft uns und helft unseren Nachkommen, damit das Leid endlich ein Ende hat!«

Gewalttätige Menschen wachsen meist in einem gewalttätigen Umfeld auf. Bei männlichen Gewalttätern ist es oft so, dass der Vater abwesend oder selbst gewalttätig war. Die Mutter ist dem Kind gegenüber oft emotional kalt und distanziert. Es können jedoch auch epigenetische Markierungen in der DNS, die vererbt wurden, zu vermehrter Gewaltbereitschaft führen.

Gewalt unter Einfluss von Alkohol: Ein Beispiel aus der Praxis. Ein junger Mann Anfang 30 kam zu einer Sitzung mit dem Anliegen, er habe Angst, seine Frau und seinen 2-jährigen Sohn zu schlagen und zu misshandeln. Diese Angst sei manchmal so intensiv, dass es fast einer Panikattacke gleichkomme. Ihm sei Gott sei Dank noch nie die Hand ausgerutscht, wie er sagte, doch könne er für nichts garantieren.

Er ist das erste von zwei Kindern. Er hat noch eine fünf Jahre jüngere Schwester. Er berichtet, dass er als Kind vom Vater oft geschlagen wurde, wenn dieser Alkohol getrunken hatte. Er war dann in einer unberechenbaren Stimmung und hatte sich nicht mehr unter Kontrolle. Das kam in unregelmäßigen Abständen vor, ca. alle zwei Monate. Die Mutter verließ dann fluchtartig das Zimmer und fühlte sich hilflos. Er meinte, sie hätte wohl Angst gehabt, dass auch sie die Aggressivität des Vaters zu spüren bekommen könnte. Sie hatten jedoch nie darüber gesprochen. Der Vater hatte sich einmal, kurz vor der Eheschließung des Klienten, bei ihm für die Misshandlungen entschuldigt. Er sagte, er habe dem Vater verziehen, er konnte wohl nicht anders, da er in seiner Kindheit noch viel Schlimmeres erlebt hatte.

In der Genetic-Healing-Sitzung zeigte sich, dass es in der Familie väterlicherseits schon seit vielen Generationen Gewalt gab, verbunden mit erhöhtem Alkoholkonsum. Bis zur Urgroßelterngeneration konnte er dies bestätigen. Weiter zurück gab es keine Informationen. Er wusste noch, dass es in der Familie eine Lizenz zum Schnapsbrennen gab, die dem Vater sehr wichtig war, und dass dieser auch noch eigenen Schnaps brannte.

Ich ging, wie immer in einer Genetic-Healing-Sitzung, zum Ursprungsereignis der körperlichen Gewalt und kam in die

5. Generation. Dort zeigte sich mir eine große Familie, die unter dem Jähzorn des Familienvaters zu leiden hatte. Er wurde wegen einer körperlichen Missbildung im Gesicht von der Dorfgemeinschaft immer wieder beschimpft und gedemütigt. Schon als Kind war er diesen Attacken ausgesetzt, die sich im Erwachsenenalter noch verstärkten. Er konnte sich selbst nicht wehren und hatte auch von der Familie keinen Schutz. Mit der Zeit entlud er seine aufgestauten Aggressionen an Schwächeren. Als er selbst eine Familie hatte, ließ er seine Wut an seiner Frau und den Kindern aus. So hinterließen die Kränkungen, denen er sein Leben lang ausgesetzt war, verbunden mit einem geringen Selbstwert, tiefe Wunden in seiner Seele und auf epigenetischer Ebene entsprechende Markierungen in den Genen.

Bei den Nachkommen wirkte nun zusätzlich zu dem geringen Selbstwert und dem Gefühl, nicht dazuzugehören, die Gewaltbereitschaft. In dieser Generation muss wohl der Alkohol in die Familie gekommen sein. Er wurde dazu benutzt, diese demütigenden Situationen nicht mehr fühlen zu müssen. Unter der Alkoholeinwirkung kam der Kontrollverlust dazu, so dass die körperlichen Misshandlungen noch gewalttätiger wurden und in einem Fall tödlich endeten. Diese Informationen kamen aus dem morphischen Feld dieser Generation. All das hinterließ Spuren in den Genen und wurde an die nächste Generation weitergegeben.

Der Klient konnte das alles nachempfinden. Die Angst, sein Kind zu misshandeln oder gar umzubringen, saß ihm förmlich in den Knochen, sprich in den Genen, wie er es ausdrückte. Er hatte manchmal innere Bilder mit solchen Gewaltszenarien und fragte sich, woher sie wohl kamen. Er bekam in der Sitzung Antworten auf Fragen, die ihn schon seit langem beschäftigten.

Ich konnte in der zurückliegenden 5. Generation die unerlösten Ereignisse transformieren und die Gene energetisch deaktivieren. Dann wurde die transformierte Matrix durch alle Generation bis ins Jetzt gebracht. In diesem Ritual wird die Information der Heilung jeder Generation zur Verfügung gestellt. Jede Seele entscheidet dann selbst, ob sie die Heilung annehmen möchte oder nicht. Manchmal ist es so, dass eine Seele noch eigene Erfahrungen mit dieser Thematik machen möchte, und so lässt sie den Heilstrom an sich vorbeiziehen. Es ist wichtig, dies zu respektieren.

Nun konnte der Klient einen neuen Blick auf sich und sein Leben werfen. Eingebunden in die Schicksale und Erfahrungen seiner Ahnen, konnte er seine Gefühle und Ängste nun besser verstehen.

Jetzt ging es noch darum, seine eigenen traumatischen Erlebnisse zu heilen. In der Transformationsarbeit konnte er selbst wahrnehmen, wie verbunden er mit seinem Vater war und wie er heute noch sein gewalttätiges Verhalten entschuldigte. Er sah sich als kleinen Jungen, der geschlagen wurde, und konnte fühlen, wie er die Zähne zusammenbiss, um nicht zu weinen. Diese Blöße wollte er sich nicht geben, wie er sagte. Er ließ die Schläge immer wieder über sich ergehen, wusste er doch, dass der Vater betrunken war. Im nüchternen Zustand war er ein liebevoller Vater. Die Wut und der Schmerz dieser Misshandlungen, die er als Kind nicht fühlen konnte, zeigten sich jetzt in der Sitzung. Er wusste auch, dass die Wut noch in seinem Körper war. Denn wenn er selbst zu viel Alkohol getrunken hatte, spürte er eine unbändige Wut, die er dann im Keller mit Boxhandschuhen an einem Sandsack ausagierte.

Jetzt konnte er großes Mitgefühl für den kleinen Jungen in sich empfinden und ihn schützend in die Arme nehmen. Danach folgten wieder verschiedene Transformationsrituale, um den Heilungsprozess in Gang zu setzen. Ebenso wurden die Schalter an den Genen deaktiviert, die epigenetisch von den Ahnen übernommen wurden sowie die aus seinem eigenen Leben. So werden diese Erfahrungen nicht mehr an die nachfolgenden Generationen weitergegeben.

Um künftig neue und vertrauensvolle Erfahrungen machen zu können, wurden die Gene für Vertrauen, Selbstwert und Selbstliebe aktiviert. Eine Besonderheit in der Arbeit mit Genetic-Healing ist, dass Gene, die bisher inaktiv waren, aktiviert werden können. Wir haben ja alle unendlich viele Potenziale in unseren Genen, die wir noch nicht nutzen, da diese Gene nicht eingeschaltet sind und dadurch nicht abgelesen werden. In einem Ritual können diese Gene aktiviert werden, so dass dieses Potenzial künftig genutzt werden kann. Uns ist es dadurch möglich, bisher brachliegende Potenziale einzuschalten und sie Stück für Stück in unserem Leben zu manifestieren. Wir können dadurch nahezu alle Potenziale, Fähigkeiten und Gaben, die wir für unser Leben und unsere Ziele brauchen, aktivieren.

Damit sich die neuen Verhaltensweisen nach der Transformation gut im Leben manifestieren können, gibt es eine geführte Meditation, die nach einer Genetic-Healing-Sitzung 21 Tage lang durchgeführt wird, um das Neue auch im Unterbewusstsein zu integrieren. Untersuchungen haben gezeigt, dass unser Gehirn 21 Tage braucht, um neue Programme zu lernen. Dadurch verbinden sich neue Synapsen im Gehirn und es entstehen neue Netzwerke, die dann zu neuen Reaktionsmustern führen. So kann der Klient im

Nachhinein selbst noch einiges dazu beitragen, dass sich das Neue gut manifestiert und sein Leben sich zum Positiven hin verändert. Zudem ist es auch wichtig, sich die neue Situation vorzustellen und vor allem das Gefühl dazu richtig groß werden zu lassen. Mit dem Fühlen des Neuen erschaffen wir das Neue.

Das Besondere an einer Genetic-Healing-Sitzung ist, dass die Wirkung sofort zu spüren ist. In dem Energiefeld seiner Familie konnte der Klient jetzt großen Frieden spüren und bei sich selbst große Erleichterung. Die Angst, seine Liebsten zu misshandeln, war vollkommen verschwunden. Er konnte nicht mehr nachvollziehen, wie es vorher gewesen war.

Glaubenssätze, die daraus entstanden und ihre Spuren auch in den Genen hinterlassen haben:

- Ich bin nichts wert.
- Ich bin hässlich.
- Ich darf mich nicht in der Öffentlichkeit zeigen.
- Ich gehöre nicht dazu.
- Ich stehe alleine da.
- Ich bekomme keinen Schutz.
- Ich bin hilflos.
- Ich will nichts mehr fühlen.
- Das Leben ist schwer und voller Leid.
- Ich habe Angst, mein Kind umzubringen.
- Männer sind gewalttätig.
- Männer sind unberechenbar.
- Männern kann ich nicht vertrauen.

- Frauen kann ich nicht vertrauen.
- Auf die Mutter kann ich mich nicht verlassen.
- Auf Frauen kann ich mich nicht verlassen.
- Wenn ich Schmerz fühle, beiße ich die Zähne zusammen.

All diese Glaubenssätze hatten sich durch die gemachten Erfahrungen in dem Klienten manifestiert und entsprechende Gene eingeschaltet. Gene für Vertrauen, Selbstwert und Selbstliebe waren abgeschaltet und konnten nicht abgelesen werden. So konnte sich dieses Potenzial in seinem Leben nicht entsprechend entwickeln.

Er war sich sicher, dass er an seinen Sohn auch schon einiges epigenetisch weitergegeben hatte.

Es gibt ein Ritual, um die Nachkommen an der Transformation teilhaben zu lassen, wenn die Seele der Kinder damit einverstanden ist. Dieses Ritual konnten wir dann noch durchführen, denn die Seele seines Sohnes war sehr bereit dafür. Dadurch ist es möglich, bei den schon geborenen Nachkommen die Informationen der transformierten Thematik in die Zellen und alle betroffenen Ebenen einfließen zu lassen. Dann profitieren auch die Nachkommen von der Transformation und müssen diese Erfahrung nicht mehr selbst machen.

Millionen Menschenseelen können erlöst werden

Wenn man sich die Zahl der Seelen vorstellt, die von einer Genetic-Healing-Transformation profitieren können! Unzählige haben die Möglichkeit, von einer Sitzung selbst Heilung zu erfahren. Wenn man die Ahnenreihen nimmt, also die, die hinter uns stehen, sind das unsere Eltern, die Großeltern, Urgroßeltern usw. Die Personenanzahl verdoppelt sich in jeder Generation. Wie schon beschrieben, sind das bei 20 Generationen bereits 1.048.576 Personen. Also sind es über eine Million Menschen, immer nur die Eltern in einer Generation gerechnet.

In einer Genetic-Healing-Arbeit werden die transformierten Informationen jeder Generation zur Verfügung gestellt. Sie bekommen, wie schon beschrieben, das Heilpaket. Jede Seele entscheidet dann selbst, ob sie von der Transformation profitieren möchte. Manchmal möchte die Seele mit bestimmten Themen noch Erfahrungen machen. Dann wird sie die Heilung unter Umständen nicht annehmen wollen. Meist sind die Ahnen jedoch sehr dankbar und nehmen die Heilung gerne an. So können ganze Ahnenlinien von altem Leid, Dramen und Täter-Opfer-Strukturen geheilt werden. Letztlich ist der Frieden in der eigenen Familie eine Voraussetzung für den Frieden in unserer Welt. Da leisten wir mit dieser Arbeit einen großen Beitrag dazu.

Früher hätten wir für eine solch umfangreiche Transformation viele einzelne Sitzungen oder mehrere Familienaufstellungen gebraucht. Mit der hohen Frequenz der Genetic-Healing-Energie ist das oft in einer Sitzung, auf sanfte Art und ohne Drama, möglich. Es ist auch unerheblich, ob die Personen noch leben oder bereits gegangen sind. Die Arbeit findet auf Seelenebene statt und erreicht so die Seele, wo immer sie sich gerade aufhält.

Epigenetische Prägungen in der Kindheit

Die Kindheit ist eine der intensivsten und prägendsten Phasen, was unsere menschliche Entwicklung angeht. Dass das mütterliche Verhalten einen prägenden Einfluss auf uns Menschen hat, ist seit langem bekannt. Wie die epigenetischen Zusammenhänge jedoch funktionieren, wird durch die Untersuchungen im Bereich der Epigenetik immer transparenter. Kanadische Forscher berichteten bereits im Jahr 1999 in Science, einer amerikanischen wissenschaftlichen Fachzeitschrift, dass weibliche Nachkommen von intensiv und liebevoll gepflegten Versuchstieren sich später auch sehr liebevoll und mit Hingabe um ihren Nachwuchs kümmerten, wogegen aus den Töchtern von Rabenmüttern selbst Rabenmütter wurden. Zehn Jahre später konnte dieses Verhalten auch bei Menschen nachgewiesen werden. Die Forscher fanden unter anderem heraus, dass über 900 Gene an den mütterlichen Verhaltensweisen beteiligt sind.

Die Mutter-Kind-Bindung und das Oxytocin

Eine wichtige Rolle in der Mutter-Kind-Bindung hat ein im Gehirn produziertes Hormon, das Oxytocin. Es hat eine wichtige Bedeutung unter anderem im Geburtsprozess. Es bringt die Gebärmutter dazu, sich zusammenzuziehen und damit die Wehen auszulösen. Zudem stimuliert es die Brustdrüsen zur Abgabe von Milch. Es sorgt für die Bindung zwischen Mutter und Kind und beeinflusst generell das Verhalten von Menschen. Frauen berichten, dass sie beim Stillen ihres Kindes ruhiger werden und liebevollere Gefühle bekommen, was auf die Oxytocin-Ausschüttung zurückgeführt wird. Da beim Baby durch die Nähe zur Mutter und vor allem nach dem Nuckeln Oxytocin freigesetzt wird, ist es nach dem Stillen ebenfalls entspannter. Diese emotionale Wirkung des Oxytocins verstärkt die emotionale Bindung von Mutter und Kind (Bonding).

In Untersuchungen hat man festgestellt, dass Autisten, die bekanntlich Schwierigkeiten mit Bindungen haben, eine niedrigere Konzentration von Oxytocin im Blut haben als Menschen ohne dieses psychische Symptom.

Die Wirkung von Oxytocin wird seit Jahren weltweit erforscht. Oxytocin, das inzwischen auch das Kuschel- oder Bindungshormon genannt wird, steigert das Wohlbefinden und stärkt zwischenmenschliche Beziehungen. Streichelt uns zum Beispiel eine vertraute Person sanft über die Haut oder schaut man sich liebevoll in die Augen, spürt man ein wohliges und angenehmes Gefühl. Verantwortlich dafür ist das Hormon Oxytocin. Es stärkt das Vertrauen und soll sogar bei sozialen Phobien helfen. Das Hormon kann die Paarbindung stärken, Stress und Ängste reduzieren und uns empathisch machen.

Bei Mäusen konnten sogar traumatische Erfahrungen gelöscht werden. Weltweit gibt es über 100 Forschungsgruppen, die die Wirkung von Oxytocin untersuchen. Als bestätigt gilt inzwischen, dass das Hormon eine positive Wirkung bei Menschen hervorruft und sie vertrauensseliger und einfühlsamer macht. Sobald das Hormon ausgeschüttet wird, steigert sich unser Wohlbefinden.

Meist wird das Hormon medizinisch jedoch nur in Zusammenhang mit Schwangerschaft und Geburt eingesetzt. Die Bindung zwischen Mutter und Kind hat zeitlebens Folgen, vor allem für das Kind. Wird das Neugeborene liebevoll und freudig in diesem Leben empfangen, ist es willkommen und wird herzlich in die Familie aufgenommen, dann sind das gute Voraussetzungen für einen vertrauensvollen Start in das Leben. Oft ist dies jedoch nicht der Fall. In den Jahren 2015 bis 2019 gab es weltweit 121 Millionen ungewollte Schwangerschaften. Nicht alle der schwangeren Frauen haben ihr Kind auch zur Welt gebracht. Zum Glück gehen auch die Schwangerschaftsabbrüche weltweit zurück. Viele Kinder, die geboren werden, sind jedoch keine Wunschkinder und leiden zeitlebens darunter. Dass in solchen Fällen wenig Oxytocin bei Mutter und Kind gebildet wird, kann man sich gut vorstellen. Die Fürsorge, insbesondere die der Mutter, hat einen entscheidenden Einfluss auf die Entwicklung des Kindes.

Wie sich das Verhalten der Mutter auf die Entwicklung des Oxytocin-Systems beim Säugling auswirkt, zeigten Studien, die von Kathleen Krol und Jessica Connelly von der University of Virginia sowie von Tobias Grossmann vom Max-Planck-Institut für Kognitions- und Neurowissenschaften durchgeführt wurden.

Sie fanden heraus, dass die epigenetischen Veränderungen in der DNA der Säuglinge durch die Qualität des mütterlichen Engagements beeinflusst wurden. Haben sich Mütter zum Beispiel in der Spielinteraktion mit ihren Kindern besonders eingesetzt und gekümmert, zeigte sich das ein Jahr später an einer stärkeren Reduktion der DNA-Methylierung des Oxytocin-Rezeptorgens. Ein höheres mütterliches Engagement hat also das Potenzial, das Oxytocin-System bei menschlichen Nachkommen hochzuregulieren.

Auch diese Studien zeigen, dass wir nicht hilflos unseren Genen ausgeliefert sind, sondern dass es ein Wechselspiel aus Genetik und Erfahrungen ist, das uns prägt. Sie zeigen, wie frühe soziale Interaktionen mit unseren Bezugspersonen unsere psychische und biologische Entwicklung beeinflussen. Wie schon gesagt, erleben wir nicht alle dieses mütterliche oder generell ein liebevolles familiäres Engagement und machen schon in den ersten Lebensjahren andere, oft traumatische Erfahrungen. Auch diese hinterlassen Spuren in unseren Genen und prägen uns und unsere Nachkommen auf eine ganz andere Weise.

Pränatale Prägungen: Beispiel eines Adoptivkindes

Eine junge Frau kam mit dem Anliegen, dass sie zu ihren beiden Kindern, damals drei und fünf Jahre alt, keine liebevolle Beziehung aufbauen konnte. Sie hatte manchmal Gedanken in sich, die sie sich selbst nicht erklären konnte. Sie traute sich das kaum auszusprechen. »Ich könnte meine Kinder umbringen, wenn sie schreien und sich nicht beruhigen lassen. Als sie klein waren, hatte ich manchmal ein Kissen in der Hand und hätte sie am liebsten erstickt. Heute rutscht mir viel zu oft die Hand aus, und hinterher tut es mir leid. Ganz oft habe ich Hassgefühle meinen Kindern gegenüber, obwohl ich sie doch liebe.« Sie hatte Tränen in den Augen, als sie das ganz leise und verschämt sagte. Sie konnte sich ihr Verhalten nicht erklären. Sie und ihr Mann hatten eine liebevolle Beziehung miteinander, die Kinder waren beide Wunschkinder und es ging der Familie gut.

Sie selbst wurde, als sie zwei Jahre alt war, adoptiert und wuchs in einer Familie mit drei Geschwistern auf. Zu ihren Adoptiveltern hatte sie ein gutes Verhältnis, ebenso zu den Geschwistern, die leibliche Kinder ihrer Adoptiveltern waren. Von ihrer eigenen Herkunftsfamilie wusste sie sehr wenig. Ihre leibliche Mutter war noch sehr jung, als sie zur Welt kam. Sie lebte im Drogenmilieu einer Großstadt und hatte ihr Kind mit zwei Jahren zur Adoption freigegeben bzw. die Adoption wurde vom Jugendamt eingeleitet. Die Klientin konnte sich nicht mehr an ihre ersten Lebensjahre erinnern und hatte zu ihrer leiblichen Mutter auch keinen Kontakt mehr. Der Vater war unbekannt. Für sie war das nie ein Problem, wie sie sagte. Ihre Adoptiveltern, die Geschwister und die Verwandten waren liebevoll zu ihr, und sie hatte immer das Gefühl, sie gehöre dazu wie ein leibliches Kind. Es war ihre Familie und sie war froh, dass sie nur wenig seelischen Schaden durch die Adoption genommen hatte, wie sie sagte. Als sie in die Adoptivfamilie kam, war sie körperlich und seelisch vernachlässigt und hatte lange Zeit immer wieder Schreianfälle und konnte nicht in der Dunkelheit sein. Es musste immer ein Licht an sein. In verschiedenen Therapien im Laufe ihres Lebens hatte sie die Traumata ihrer frühen Kindheit und die Adoption aufgearbeitet, wie sie sagte. Sie konnte sich ihr aggressives Verhalten ihren Kindern gegenüber nicht erklären und hatte tatsächlich Angst, dass sie einem ihrer Kinder einmal etwas Schlimmes antun könnte.

In der Genetic-Healing-Sitzung zeigte sich das erste Trauma schon bei der Zeugung, die wahrscheinlich eine Vergewaltigung war. Die Mutter versuchte mehrmals eine Abtreibung, die jedoch nicht gelang. So war die Zeit der Schwangerschaft geprägt von Ablehnung dem werdenden Leben gegenüber. In einer Genetic-Healing-Sitzung bin ich energetisch verbunden mit dem Klienten und es öffnet sich ein Informationsfeld. Ich komme in Verbindung mit den gespeicherten Ereignissen, oft in sehr detaillierten Einzelheiten.

So konnte ich die permanenten traumatischen Erlebnisse des Kindes wahrnehmen, das in den Monaten der Schwangerschaft schon so viel Ablehnung und eine massive Bedrohung des eigenen Lebens erfuhr. Die negativen Gefühle der Mutter dem Kind gegenüber und die gewaltsamen Einwirkungen auf das Kind haben Signaturen in den Genen des Kindes hinterlassen. In den ersten zwei Lebensjahren war das Kind permanenter Gewalt und Vernachlässigung ausgesetzt, so dass es völlig verstört in die Adoptivfamilie kam.

In der neuen Familie machte die Klientin gute Erfahrungen. Sie wurde liebevoll versorgt und konnte sich gut entwickeln. Und dennoch blieb die Signatur der Gewalterfahrung als Information in ihren Zellen gespeichert. Diese zeigte sich jetzt in dem Verhalten ihren Kindern gegenüber. Als ich ihr einige Szenen meiner Wahrnehmung ihrer ersten Lebensjahre mitteilte, war sie sehr betroffen und sagte, dass sie genau diese Gewalttätigkeiten in sich spüre und sich sehr zurückhalten müsse, um diese nicht bei ihren Kindern auszuführen.

Hier zeigen sich wieder die epigenetischen Prägungen. Die Gewalterfahrung, die sie selbst erlebt hat, zeigt sich bei ihr, und der Drang, ihren Kindern gegenüber auch gewalttätig zu werden, ist sehr stark ausgeprägt. Obwohl sie den größten Teil ihres Lebens in einer liebevollen Umgebung aufgewachsen ist, sind die »Gewalt-gene« eingeschaltet und nur schwer zu kontrollieren.

In einer Genetic-Healing-Sitzung gehe ich immer zum Ursprungsereignis. Dies war nicht, wie man meinen könnte, im eigenen Leben der Klientin oder im Leben ihrer Mutter. Das Ursprungsereignis lag fünf Generation zurück. Seit fünf Generationen gab es unerwünschte Schwangerschaften, Gewalterfahrungen und weggegebene Kinder. Ich konnte das Ursprungsereignis transformieren und im Ursprung die Gene deaktivieren. In dem Erfahrungsfeld, in dem das Ereignis einst entstanden sind. Das ist eine wichtige Voraussetzung, damit ein Thema, das schon seit Generation wirkt, wirklich heilen kann. Dann konnten die pränatalen Traumata, die die Klientin im Mutterleib und in den ersten Lebensjahren erfahren hatte, transformiert werden, und auch die »Gewalt-Gene« konnten ausgeschaltet werden.

Umfassende Transformation

Eine Genetic-Healing-Transformation, die im Ursprungsereignis transformiert wird, wirkt nicht nur bei den Personen und in der Generation, in der das Ereignis entstanden ist. Die komplette nachfolgende Ahnenlinie profitiert davon. Die transformierte Information wird der Ahnenreihe und all ihren Mitgliedern zur Verfügung gestellt. Und nicht nur das – die Information geht durch Raum und Zeit, in alle Zeitlinien und Erfahrungsebenen, in die individuellen und kollektiven Erfahrungsfelder. Dann wird sie auch an die Nachkommen weitergegeben, so dass unsere Kinder und Enkel diese Erfahrung nicht mehr machen müssen. Die Information wird wie ein Geschenk, ein Heilpäckchen, zur Verfügung gestellt, und jede Seele entscheidet selbst, ob sie es annehmen möchte.

Wenn man sich vorstellt, dass 10 Generationen, immer nur die Eltern gerechnet, 1024 Menschen sind und 20 Generationen bereits 1.048.576 Menschen. 24 Generationen, immer nur die Eltern gerechnet, sind 16.777.216 Menschen in ca. 600 Jahren. Wenn man dann noch die Kinder mitrechnet, sind das viele Millionen unserer Vorfahren, die von einer Genetic-Healing-Transformationssitzung profitieren können. Letztendlich sind wir alle miteinander verbunden, so dass wir alle von einer Transformation profitieren. Wir lösen in einer Arbeit auch die Anbindung an die individuellen und kollektiven Erfahrungsfelder auf, so dass diese sich auch verkleinern und irgendwann ganz auflösen können.

Generationsübergreifende Vererbung durch Kriege

Die indigenen Völker sagen, dass wir von sieben Generationen vor uns geprägt werden und dass auch wir wiederum sieben Generationen prägen. In meiner langjährigen Arbeit mit Menschen und insbesondere mit systemischen Aufstellungen habe ich die Erfahrung gemacht, dass es oft sehr viel mehr Generationen sind, von denen wir geprägt werden. Gerade seit ich in der Genetic-Healing-Arbeit bis zum Ursprungsereignis zurückgehe, erlebe ich, dass es häufig zehn, zwanzig oder mehr Generationen sind, die uns (mit-)prägen. Besonders wenn es sich um tiefgreifende, traumatische Ereignisse handelt, die irgendwann einmal in der Ahnenlinie passiert sind, wirken sie über die Jahrhunderte weiter. Oftmals zeigen sie sich in jeder Generation etwas anders. Die Thematik ist jedoch die gleiche bzw. sie weist auf das gleiche Ursprungsereignis hin. So lange, bis es irgendwann erlöst wird. Irgendwann wird das die Wissenschaft auch nachweisen können.

Die Sippenseele, eine übergeordnete Instanz, mit der alle in einer Familie tief verbunden sind, wacht über die Ordnungen in jeder Sippe und auch darüber, dass bestimmte Ereignisse irgendwann erlöst werden. Sie »schickt« dann eine Seele in die entsprechende Familie, in der ein lange wirkendes Schicksal erlöst werden soll.

Dieser Mensch trägt die epigenetischen Signaturen in seinen Genen, damit er im Leben mit den entsprechenden Themen in Kontakt kommt. Es gehört dann zum Seelenplan eines solchen Menschen, in Kontakt mit bestimmten Themen, wie Krankheiten, Ängsten oder sonstigen Verhaltensweisen, zu kommen. Natürlich mit dem Ziel, sich dieser Thematik anzunehmen und diese dann bestenfalls zu lösen.

Wird eine solche Aufgabe ignoriert, geht sie weiter an die nächste Generation, denn über die genetische Signatur kann sie ganz leicht an die Kinder weitergegeben werden. Von daher haben wir nicht nur für uns selbst, sondern auch als Eltern eine Verantwortung für unsere Themen und dafür, dass wir sie lösen. Von Familienaufstellungen wissen wir, dass Kinder auf unbewusster Ebene gerne und bereitwillig die Schicksale der Eltern übernehmen, um sie dadurch zu entlasten. Eltern sollten da sehr achtsam sein und erkennen, wenn Kinder die Verantwortung übernehmen. Wenn Eltern zu mir kommen und Hilfe für ihre Kinder suchen, arbeite ich daher in der Regel mit den Eltern. Die Kinder sind meist nur Symptomträger für Themen, die in der Familie im Ungleichgewicht sind. Nehmen sich die Eltern dann dieser Themen an, sind die Kinder erleichtert.

Wir wissen inzwischen, dass chemische Marker, die – ausgelöst durch ein Ereignis oder bestimmte Lebensbedingungen – irgendwann in unserem Leben oder schon in der Schwangerschaft gesetzt werden, entsprechende Gene ein- oder ausschalten.

Dadurch wird ein chemischer Prozess in unserem Körper ausgelöst. Kleine Molekülketten heften sich an die Gene und schalten dadurch bestimmte Gene ein oder aus. So können sie abgelesen werden oder stummgeschaltet sein. In jeder unserer ca. 80 Billionen

Zellen findet eine ständige Bewegung statt. Alles, was wir in unserem Alltag erleben, hat Einfluss auf unsere Gene. Besonders die emotional berührenden Ereignisse, also das, was uns unter die Haut geht. Ständig werden Gene ein- oder ausgeschaltet. Sind es emotional tiefgehende Ereignisse oder Traumata bleiben diese Gene aktiv. Diese Signatur bleibt bestehen, wenn die Themen nicht bearbeitet und erlöst werden, und kann dann an die nächste Generation weitergegeben werden. Inzwischen ist es wissenschaftlich vielfach nachgewiesen, dass die epigenetischen Prägungen durch die Zellteilung an das neue Leben weitergegeben werden.

Sobald es einem Spermium gelingt, die Eihülle zu durchbrechen und ins Zellplasma des Eizellkerns vorzudringen, kommt es zur Befruchtung der Eizelle. Die Erbanlagen von Mann und Frau verschmelzen miteinander. Nicht nur die genetischen, auch die epigenetischen Signaturen vereinigen sich und der Bauplan für einen neuen, einzigartigen Menschen ist geschaffen. Nach ca. 30 Stunden beginnt bereits die erste Zellteilung bzw. Verdoppelung. Danach teilt sich die Zelle etwa alle 20 Stunden und verdoppelt jeweils die Anzahl der Zellen. Nach einigen Tagen wandern diese Zellen, Blastomere genannt, durch den Eileiter in die Gebärmutter und die Einnistung kann beginnen. Ab dem 9. Tag nach der Befruchtung spricht man von einem Embryo.

Die Kinder bekommen also schon von Anfang an die Erfahrungen ihrer Vorfahren mit in die Wiege gelegt. So tragen wir Informationen von Ereignissen in uns, die vielleicht schon vor vielen Generationen passiert sind. Diese sind jetzt Bestandteil des genetischen Materials. Jede Generation fügt dem Epigenom ihre eigenen Erlebnisse, ihr Umfeld und ihre Lebensbedingungen hinzu. Gute und weniger gute Erfahrungen. Erlebte Traumata lösen sich mit der Zeit nicht einfach auf, sie zeigen sich in jeder Generation auf eigene Art und Weise. So kann meist nicht mehr nachvollzogen werden, woher zum Beispiel eine panikartige Angst vor Wasser kommt, wenn man selbst keinerlei negative Erfahrung mit Wasser gemacht hat. Geht man energetisch in die Ahnenlinie bis zum Ursprungsereignis dieser Angst, so zeigt sich vielleicht in der 6. Generation, dass ein Ahne oder eine Ahnin durch einen traumatischen Unglücksfall im Wasser ertrunken ist oder auch bewusst ertränkt wurde. Dieses Ereignis mit all den Folgen, die es für die Beteiligten hatte, hat bei den Nachkommen Gene eingeschaltet, die dafür verantwortlich sind, dass Wasser oder Gewässer angstbesetzt sind und eine Gefahr bedeuten. Dies kann auch noch andere Auswirkungen auf die nachfolgenden Generationen haben, je nachdem wie die Umstände des Unglücks waren.

Wollte beispielsweise eine Familie nach Amerika auswandern und der Großteil dieser Familie kam auf der Überfahrt bei einem Schiffsunglück ums Leben, so kann die Folge sein, dass die Nachkommen neben der Angst vor tiefem Wasser eine Abneigung zum amerikanischen Kontinent spüren oder dass für sie eine Übersiedlung nicht infrage kommt. Oder dass sie generell sehr ortsgebunden sind und Umzüge meiden. Weggehen von zu Hause oder gar auswandern ist mit Tod verknüpft und so als Information in den Genen gespeichert.

Die Folgen solcher traumatischen Erlebnisse können sehr vielfältig sein, haben jedoch immer etwas mit dem Ursprungsereignis zu tun. Das heißt, als dieses Ereignis zum ersten Mal passiert ist – in unserem eigenen Leben, in einer vorherigen Generation oder auch in einem früheren Leben. Wir tragen auch die Informationen der Ereignisse aus unseren vergangenen Leben in uns. Sind wir mit bestimmten Themen noch nicht ausgesöhnt, zeigen sie sich als sogenannte karmagenetische Prägungen in unseren Genen und wollen erlöst werden.

Die Kriegsfolgen als epigenetische Prägung

Denken wir nur an die beiden letzten Weltkriege. Um die epigenetischen Prägungen einer Kriegssituation in unseren Genen nicht mehr nachweisen zu können, braucht es laut Meinung von Fachleuten mehrere Generationen. Das heißt, wir alle tragen noch die traumatischen Kriegsinformationen unserer Eltern, Großeltern und Urgroßeltern in unseren Zellen. Und wie viele Kriegsgebiete gibt es ständig auf dieser Erde und welche Spuren hinterlassen sie bei den Betroffenen und deren Nachkommen? Betrachten wir nur einmal die Folgen der Kriege hier auf unserer Erde, so gibt es sicher nur wenige Menschen, die keine traumatischen Informationen eines Kriegserlebnisses in ihren Genen haben.

All die Frauen, die ihren Partner, ihren Vater, ihre Söhne, ihre Freunde im Krieg verloren haben. Die Kinder, die ohne Vater aufwachsen mussten, der Schmerz der Mütter, Väter und Familien, deren Söhne und Geschwister nicht mehr lebend aus dem Krieg zurückkamen. Die Frauen, die vergewaltigt wurden und oft lebenslang darunter zu leiden hatten. Die Männer, die als Soldaten töten mussten und traumatisiert aus dem Krieg zurückkamen. Die Familien, die flüchten mussten, vertrieben wurden, ihre Heimat sowie Hab und Gut verloren haben. Es gibt wohl keine Familie bei uns, die nicht in irgendeiner Weise mit den Folgen des Krieges, egal ob als Täter oder/und Opfer oder sonstige Beteiligte, zu tun hatte oder hat. All das hat Spuren in unseren Genen hinterlassen und beeinflusst uns und unser Leben tagtäglich.

Nachfolgend zeige ich einige der Auswirkungen, die die beiden Weltkriege bei den Betroffenen hinterlassen haben, die generationsübergreifend über die Gene vererbt wurden und bei vielen Menschen immer noch aktiv sind.

Auswirkung des Krieges auf die Beziehung/Partnerschaft

Wie viele Frauen haben im Krieg ihren Mann verloren und sind danach allein geblieben? In meiner Arbeit zeigen sich häufig noch nach Generationen die Folgen.

Beispiel:

Eine junge Frau kommt mit dem Anliegen, dass sie sich von Herzen eine Beziehung wünscht, sie hat jedoch gleichzeitig eine unerklärliche Angst davor. Sie lernt immer wieder Männer kennen, es entwickelt sich jedoch nach einiger Zeit nur eine Art Freundschaft und keine Partnerschaft, so wie sie sich das wünscht. Sie kann sich das selbst nicht erklären.

In der Genetic-Healing-Arbeit zeigte sich dann, dass die Großmutter ihren Mann im Krieg verloren hatte. Er war ihre große Liebe, und sie hat diesen Verlust nie überwunden. Ihre beiden Kinder, unter anderem die Mutter der Klientin, hat sie allein großgezogen und war zeitlebens eine stille, in sich gekehrte Frau. Ihren Enkelkindern war sie eine liebevolle Großmutter, ihren eigenen

Kindern gegenüber konnte sie jedoch keine Gefühle zeigen. Sie verschloss ihr Herz, um den großen Schmerz über den Verlust ihres geliebten Mannes aushalten zu können.

Die Klientin wuchs in den ersten Jahren im Haus der Großmutter auf und hatte eine innige Bindung zu ihr. Sie hatte als Kind das Gefühl, sie müsse die Oma aufmuntern, da sie oft so traurig war. Auch erzählte sie ihr oft vom Opa, der in Russland gefallen war, und hatte dabei nach Jahrzehnten immer noch Tränen in den Augen. Sie schwelgte in Erinnerungen und malte sich zusammen mit der Enkeltochter aus, wie es wäre, wenn er noch da wäre, und was sie alles gemeinsam unternehmen würden. Die meiste Zeit lebte sie in der Vergangenheit und in einer illusionären Traumwelt.

In der Sitzung zeigte sich, dass die Klientin eine tiefe Loyalitätsbindung zu ihrer Großmutter hatte und sich innerlich sagte: »Liebe Oma, ich bleibe auch alleine, so wie du. Ich sehe, wie schmerzhaft es ist, wenn man den geliebten Mann verliert. Dann bleibe ich lieber alleine oder gehe nur freundschaftliche Beziehungen zu Männern ein, damit ich den Schmerz nicht auch erleben muss, so wie du.« Diese Sätze kamen tief aus ihrem Herzen. Im Leben der Klientin bewahrheitete sich diese Dynamik immer wieder. Aus Familienaufstellungen kennen wir solche Verstrickungen, die sich in solchen unsichtbaren Bindungen zeigen und das eigene Leben begrenzen.

In der Vergangenheit konnten solche unheilvollen Bindungen in Familienaufstellungen meist gut gelöst werden. Kam eine solche Dynamik ans Licht, konnte die Ordnung wiederhergestellt werden, indem die Enkeltochter das Päckchen, das sie mit der Großmutter zusammen trug, ihr wieder zurückgab und es als das Schicksal der Großmutter achtete. Dann konnten die Nachkommen mit dem Segen der Vorgeneration in ihr eigenes Leben schauen. In den Genen war diese Struktur jedoch immer noch vorhanden. Das ist zum Beispiel mit ein Grund, warum bei vielen Menschen das Gefühl entstand, dass eine Aufstellung nicht immer nachhaltig gewirkt hat.

Die Aufstellungsarbeit hat nach wie vor ihre Berechtigung, bringt sie doch die verborgenen Strukturen eines Systems und die darin wirkenden Dynamiken ans Licht. Sie hat immer noch ihre Bedeutung, kann jedoch in der Verbindung mit der Genetic-Healing-Methode, die bis auf Zellebene wirkt, eine tiefere Schicht und viel weitreichendere Transformationen bewirken als bisher.

Was diese Vorgehensweise von der Genetic-Healing-Arbeit unterscheidet beziehungsweise sie auf einer tiefen Ebene ergänzt, ist, dass ich jetzt bis zum Ursprungsereignis einer sich zeigenden Dynamik gehe und die epigenetische Ebene mit einbeziehe. Somit können mit einer Aufstellung in Verbindung mit Genetic-Healing viele Generationen Heilung erfahren – und das bis auf Genebene. Und der Ursprung liegt nicht unbedingt bei der Großmutter, die im Krieg ihren Mann verloren hat, sondern es kann viel weiter zurück gehen. So wie bei der beschriebenen Klientin. Da war der Tod des Großvaters nicht das Ursprungsereignis, sondern auch nur die Folge einer lang wirkenden Dynamik.

Bei der Klientin zeigte sich, dass seit fünf Generationen immer wieder die Männer in den Familien fehlten. Sie kamen frühzeitig ums Leben, sei es durch Krieg, Unfälle, Krankheiten oder sonstige

Schicksale. In jeder Generation gab es Ereignisse, in denen die Frauen mit den Kindern zurückblieben und die alleinige Verantwortung für das Wohlergehen übernehmen mussten. All diese schicksalhaften Ereignisse haben ihre Spuren in den Genen hinterlassen und wurden von einer zur nächsten Generation weitergegeben. Meine Klientin war die sechste Generation. Sie wollte das generationsübergreifende Schicksal ihrer Vorfahren nicht mehr weiterführen. Die unbewusste Angst vor einer Partnerschaft hielt sie zurück, eine Bindung einzugehen und eine Familie zu gründen. Unbewusst wirkte in ihren Zellen die Information, dass der Partner frühzeitig ums Leben kommt oder einfach nicht präsent ist und sie möglicherweise mit den Kindern allein zurückbleibt. Und das wollte sie nicht erleben.

In der Transformationsarbeit konnte ich das Trauma in der sechsten Generation auflösen und die transformierte Energie allen weiteren Generationen und Beteiligten zur Verfügung stellen. Nun wurden die bisher gemachten Beziehungserfahrungen im Leben der Klientin transformiert und die entsprechenden Gene deaktiviert. Durch die über viele Jahre immer wieder ähnlichen Erfahrungen mit Männern hatten sich bei ihr Prägungen entwickelt, die auch entsprechende Gensequenzen aktiviert hatten. Dadurch war die innere Programmierung: keine Partnerschaft, keine Familie, keine Kinder. Das Leid wäre zu groß. Nach der Arbeit war sie sehr erleichtert. Ob sie noch eigenen Kindern das Leben schenken konnte, wusste sie nicht, da sie schon Anfang 40 war. Damit hatte sie innerlich schon vor einiger Zeit abgeschlossen. Eine erfüllte Partnerschaft hielt sie jetzt jedoch wieder für möglich und spürte bei dem Gedanken eine große innere Freude.

So hatte diese Angst und der unbewusste Verzicht auf eine Partnerschaft auch seine gute Seite. Die seit sechs Generationen wirkende Struktur konnte aufgedeckt und erlöst werden. Sie konnte die epigenetische Prägung für sich selbst und für die Ahnenlinie erlösen. Im Sippensystem können jetzt neue Erfahrungen ihren Platz bekommen und gelebt werden, die alten müssen von den nachfolgenden Generationen nicht mehr wiederholt werden. Die neuen und positiven Informationen hinterlassen natürlich auch Spuren in unseren Genen und werden weitervererbt.

Was in diesem Beispiel noch anzumerken ist, die Eltern der Klientin hatten sich getrennt, als diese zehn Jahre alt war. Sie wuchs mit ihrem älteren Bruder bei der Mutter auf. Sie hatten jedoch einen guten und regelmäßigen Kontakt zum Vater. Also hatte sich in dieser Generation schon etwas verändert: Der Mann und Vater war nicht ganz weg und hat sich auch nach der Trennung noch um die Kinder gekümmert. So konnte epigenetisch schon einiges heilen, neue Gene konnten sich aktivieren und abgelesen werden. Der ältere Bruder der Klientin hat eine Familie und zwei Kinder. Die Ehe ist laut ihrer Einschätzung glücklich und ihre Ängste bezüglich einer Partnerschaft konnte der Bruder nie nachempfinden. Es ist durchaus möglich, dass der Bruder mehr genetische Prägungen des Vaters geerbt hat und somit die Strukturen in der mütterlichen Linie nicht nachempfinden kann. Welche Gene sich von Mutter und Vater an die Nachkommen vererben, ist noch nicht ganz erforscht. Es hat jedoch einen tieferen Sinn. Nichts passiert einfach zufällig.

Einige Monate später begegnete mir die Klientin in Begleitung eines Mannes in der Stadt. Überglücklich stellte sie ihn mir als ihren Partner vor. So kann sich nach einer Transformation das Leben ganz schnell in eine neue Richtung bewegen.

Traumatisierte Männer

Im Zweiten Weltkrieg gab es mindestens 55 Millionen Tote, darunter mehr als fünf Millionen deutsche Soldaten. Die Männer, die zurückkamen, den Krieg und die Gefangenschaft überlebten, waren traumatisiert und mussten die schlimmen Erfahrungen meist verdrängen oder sich Wege der Kompensation suchen, da sie keine Möglichkeit hatten, ihre Erlebnisse nach dem Krieg in irgendeiner Weise aufzuarbeiten. Sie kamen zurück und hatten es oft schwer, sich wieder in das Familienleben zu integrieren. Unter ihnen waren Täter und Opfer.

In der Seele hinterließ das Leid tiefe Narben, und viele Männer haben sich zeitlebens nicht von dem Trauma des Krieges erholt. Die meisten konnten oder wollten auch nicht darüber sprechen, da sie alles so schnell wie möglich vergessen wollten. Sie glaubten, dass die Zeit die Wunden heile. Was oberflächlich vielleicht möglich ist, nicht jedoch in der Tiefe und schon gar nicht in den Genen.

Die traumatisierten Männer waren in den Familien als Partner und Väter oft nicht präsent. Die Kinder hatten ein männliches Vorbild, das nicht über Gefühle reden und sie schon gar nicht zeigen konnte. In dieser Zeit entstand ein großer emotionaler Mangel, der sich heute noch in vielen Familien bei den Nachkommen zeigt. Auch dass über Gefühle nicht geredet wird, ist eine Folge von traumatischen Erlebnissen, wie sie die Kriegszeit hinterlassen hat. In der Erziehung war eine große Gewaltbereitschaft an der Tagesordnung, und der Mann war oft nicht in der Lage, als Beschützer für die Familie da zu sein. Viele Männer hatten in den Kriegsjahren ihre Würde verloren und zeigten dann in der Familie häufig ein würdeloses Verhalten. Eine ausgeprägte Gewalterfahrung lastet heute noch vielen Nachkommen schwer auf der Seele. Die kindlichen Körper, die der Gewalt ihrer Väter und auch Mütter ausgesetzt waren, sind heute als erwachsene Männer und Frauen noch traumatisiert und können oft keine körperliche Nähe zulassen.

Es kann auch sein, dass gerade das Gegenteil gelebt wurde. Es gab auch traumatisierte Männer, die nach dem Krieg in ihre Familien zurückkamen und große Dankbarkeit empfanden, dass sie alles überlebt hatten. Sie sahen das Leben nach dem Krieg positiv. Sie waren glücklich und dankbar, dass sie mit dem Leben davongekommen waren, und machten jetzt das Beste daraus. Auch dieser Umgang mit der positiven Ausrichtung dem Leben gegenüber ist eine epigenetische Prägung. Wie ein Mensch mit Stresssituationen umgeht, ist auch genetisch bedingt. Ist der Mensch in einem liebevollen Umfeld groß geworden, hat viel Mutterliebe bekommen, hat gelernt, gesunde Bindungen einzugehen, und hat Vertrauen in das Leben entwickelt, kann er nach einem Trauma ganz anders mit den Erfahrungen umgehen als jemand, der das nicht erfahren hat. Heute nennt man es Resilienz, ein wichtiges Thema, das viel mehr Aufmerksamkeit und Bedeutung in unserer Gesellschaft bekommen sollte. Es gibt immer noch vielerlei Folgen der Kriegserlebnisse, die sich in unendlich vielen Einzelschicksalen spiegeln.

Schaut man tief in die Seelen der betroffenen Menschen, so zeigen sich unglaublich viele Narben, die der Krieg hinterlassen hat.

Zwei bis drei Generationen braucht ein Volk mindestens, bis sich die epigenetischen Spuren eines Krieges in den Genen verändern, das ist die jetzige Meinung der Wissenschaft. In meiner Arbeit zeigt sich jedoch, dass es sehr viel mehr Generationen braucht, um Frieden in die Seelen und dann auch in die Gene sowie zuletzt auf unsere Erde zu bringen.

Ich frage mich manchmal, warum die Natur das so eingerichtet hat, dass Schicksale von einer zur nächsten Generation weitergegeben werden. Eine zufriedenstellende Antwort habe ich noch nicht gefunden. Ich bin mir jedoch sicher, dass es einen Sinn hat, denn das Leben macht keine Fehler. Darin ist alles logisch und vollkommen.

Eine Erklärung könnte sein, dass alles, was wir erfahren und was Spuren in uns hinterlässt, irgendwann geheilt werden will. Wir können nichts zurücklassen, alles will in Ausgleich gebracht werden. Wir sind mit unserer irdischen Familie sehr eng verbunden, einer trägt für den anderen mit. So werden die Erfahrungen weitergegeben, und alle nicht erlösten Themen bleiben so lange als Information gespeichert, bis sie irgendwann von einer nachfolgenden Generation erkannt, geachtet und in die Heilung gebracht werden. Dadurch kann in die gesamte Ahnenlinie Frieden einziehen. Das ist eine der Voraussetzungen für den Frieden in der Welt. Wenn wir als Kollektiv der Menschheit in ein neues Bewusstsein gehen, wollen die irdischen Erfahrungen ins Reine gebracht werden, wir können nichts Unerlöstes zurücklassen. Ich habe oft das innere Bild, dass wir unsere inneren Stuben besenrein hinterlassen müssen. Gerade deshalb werden wir mit Themen konfrontiert, die vor unserer Zeit passiert sind, sich jedoch in irgendeiner Form in unserem Leben immer noch oder wieder zeigen.

Diese Annahme steht in Verbindung mit den familiären Erfahrungsfeldern, auf die ich noch ausführlich eingehen werde.

Glaubenssysteme, die sich aufgrund von diesen Kriegserlebnissen entwickelt haben:

- Männer sind Täter
- Schuld- und Schamgefühle
- Hilflosigkeit
- Minderwertigkeitsgefühl
- keine Gefühle zeigen
- Schweigen
- Verlust der Würde als Mann
- Verlust der Würde als Frau
- Opfer- und Täterbewusstsein

Epigenetische Prägung des Krieges: panikartige Angst, Beispiel

Ein junger Mann berichtet, dass er nachts oft mit panikartigen Ängsten aufwacht und schreckliche Bilder von Bränden, Verwüstung und körperlicher Gewalt durch Soldaten sieht. Er konnte die Szenarien lange nicht einordnen. Er und seine Eltern wurden in Friedenszeiten nach dem Krieg geboren, und auch in seiner Familie hatte er keinerlei Gewalt erlebt. Ihm wurde geraten, sich keine Filme mit Gewaltszenen anzuschauen, doch er meinte, dass er sich noch nie Horror- oder Gewaltszenen in Filmen anschauen konnte, da er alleine bei dem Gedanken daran schon vermehrtes Herzklopfen und Schweißausbrüche bekomme. Er berichtete, dass beide Großväter im Krieg waren, auch in Kriegsgefangenschaft. Der Großvater väterlicherseits war im Warschauer Ghetto, als der jüdische Wohnbezirk 1943 nach dem Aufstand niedergebrannt und zerstört wurde. Welche Funktion er dabei hatte, konnte er nicht sagen, darüber wurde in der Familie nicht gesprochen.

In der Genetic-Healing-Arbeit zeigte sich, dass das Ursprungsereignis in der Großelterngeneration lag. In dem Energiefeld des Klienten war sofort ein großes Chaos zu spüren, und wir befanden uns in unserer Wahrnehmung mitten in den Aufständen des Warschauer Ghettos. Wir nahmen beide sogar den Brandgeruch wahr. Es war alles so klar und deutlich wahrzunehmen, als hätte sich ein Raum geöffnet, der dieses Ereignis freigab. Ich beschrieb ihm meine Wahrnehmungen und er meinte, genauso seien die Bilder, die er nachts sehe, wenn er von diesen Gräueltaten wach werde. Es waren Bilder der Ereignisse, die sein Großvater tatsächlich erlebt haben muss. Er wurde aufgrund seiner Position als deutscher Soldat zum Mittäter dieser schlimmen Ereignisse. So wie es sich im Feld zeigte, hatte er keine leitende Position, musste jedoch die Befehle ausführen und fühlte sich für den Tod von vielen Juden mitverantwortlich.

In diesem Zusammenhang sagte der Klient, dass er, solange er denken kann, ein schlechtes Gewissen und Schuldgefühle gegenüber dem jüdischen Volk habe. Er glaubte immer, dass es ein kollektives Schuldbewusstsein der Deutschen gegenüber den Juden sei. Jetzt spürte er selbst, dass es zu dem kollektiven auch noch einen familiären Hintergrund für seine Schuldgefühle gab.

Im Feld des Großvaters war zuerst das traumatische Ereignis mit all den Folgen zu transformieren. Die Seele des Großvaters, der schon seit vielen Jahren gestorben war, war sehr dankbar, da er noch immer keinen Frieden mit den Kriegserlebnissen finden konnte. Dann wurden, auch im Einvernehmen mit der Seelenebene des Großvaters, die entsprechenden Gene dieser Ereignisse deaktiviert. Er konnte auch noch einmal sein Bedauern über diese schlimmen Ereignisse den Opfern mitteilen. Die Seelen aller, von Tätern und Opfern, sind den Nachkommen sehr dankbar, wenn diese die unerlösten Themen im Familiensystem in die Heilung bringen. Was sich manchmal als schwierig herausstellt und nicht ganz so leicht in die Transformation geht, sind die Geheimnisse, über die nicht geredet werden durfte. An dieses Schweigen fühlen sich die Seelen oft auch noch nach dem Tod gebunden. Da gibt es Schwüre, Eide, Gelübde und Seelenverträge, doch dazu komme ich noch ausführlich.

Nach der Transformation in der Großelterngeneration konnte ich die transformierte Energie durch Raum und Zeit zur nächsten Generation bis zu meinem Klienten bringen. Dort waren dann noch seine Albträume und vor allem die epigenetischen Prägungen, die sich dadurch über die Jahre in seinen Genen festgesetzt hatten, zu transformieren und die betroffenen Gene in seiner DNS auszuschalten. Da er selbst schon zwei Kinder hatte, konnten wir das Ritual zur Weitergabe der transformierten Information an seine Kinder durchführen. Die Seelen der beiden Söhne nahmen diese dankend an.

Traumatisierte Frauen

Frauen und Kinder werden in nahezu allen Kriegen Opfer von sexueller Gewalt. Dabei kommt es zu individuellen Vergewaltigungen bis hin zu systematischen Massenvergewaltigungen mit dem Ziel, ganze Völkergruppen zu erniedrigen, zu demütigen und zu zerstören. Vergewaltigungen sind integraler Bestandteil von Kriegen, in denen um Territorien gekämpft wird. Obwohl sexualisierte Gewalt als Menschenrechtsverletzung zu jedem Krieg gehört, haben internationale Hilfsorganisationen dies erst in den letzten Jahren in ihre Agenda aufgenommen.

Neben den persönlichen Schicksalen und Traumata, die diese schlimmen Ereignisse in den Seelen der Betroffenen und von deren Nachkommen hinterlassen, hat diese Form von sexueller Gewalt auch kollektive Folgen für Männer und Frauen. Im Kontext der Traumatisierung von Frauen durch diese Form der Gewalt sind die patriarchalen Zusammenhänge unserer Gesellschaft mit einzubeziehen. Vergewaltigung ist die Tat der Männer, nicht die der Frauen. Die Folgen der Gewalt tragen jedoch in erster Linie die Frauen. Schauen wir uns jedoch die Gene der Täter an, hinterlassen sie auch dort ihre Spuren und prägen die nachfolgenden Generationen. Die sogenannten »Tätergene« sind dann aktiv und werden als Information an die Nachkommen weitergegeben. Diese Tatsache sollte mehr in das Bewusstsein der Menschen kommen.

Die epigenetischen Prägungen der Kriegsfolgen sind bei Frauen wieder anders, jedoch ebenso vielfältig und traumatisch wie bei Männern und Kindern. Hier haben besonders die Vergewaltigungen enorme Folgen hinterlassen. Miriam Gebhardt beschreibt in ihrem Buch »Als die Soldaten kamen« die Vergewaltigung deutscher Frauen am Ende des Zweiten Weltkrieges. Laut ihren Berechnungen wurden 860.000 Frauen (auch etliche Männer) im Krieg und Nachkrieg vergewaltigt. Davon der größte Teil von den sowjetischen

Soldaten, 190.000 davon durch amerikanische Armeeangehörige, andere durch britische, belgische oder französische Soldaten. Erst ein halbes Jahrhundert nach Beendigung des Krieges deckten Journalistinnen und Historikerinnen die Existenz von Zwangsbordellen in den Konzentrationslagern des Nationalsozialismus in Deutschland auf. Vieles, was in dieser Zeit passiert ist, liegt noch im Dunkeln, da die meisten Frauen aus Angst und Scham nie über ihre Erfahrungen sprechen konnten.

Die letzten betroffenen Frauen werden bald gestorben sein, doch die Vergangenheit lebt weiter. Nicht nur in den Genen der Nachkommen. Viele Kinder wurden damals Zeuge der Vergewaltigungen an ihren Müttern, und die Wunden der »starken Trümmerfrauen« sind tief und vielfach heute noch nicht geheilt.

In vielen Altersheimen werden Betroffene immer noch von den schmerzhaften Erfahrungen heimgesucht und erfahren keinerlei Mitgefühl. Viele davon sind an Demenz erkrankt und können als Erkrankte erstmals diese ins Unterbewusstsein verdrängten Erlebnisse auspacken.

Aus diesem Grund bereist Altenpflegerin und Traumatherapeutin Martina Böhmer seit Jahren die Alten- und Pflegeheime und hält Vorträge und Fortbildungen, um ein Bewusstsein dafür zu schaffen, dass es die Pfleger bei ihrer täglichen Arbeit möglicherweise mit traumatisierten Opfern kriegsbedingter sexueller Gewalt zu tun haben. (Näheres auf ihrer Webseite: www.martinaboehmer.de)

Schwer zu tragen hatten die Frauen, die durch die Vergewaltigung schwanger wurden. In dieser Zeit wurden häufig Abtreibungen vorgenommen, doch viele Kinder haben es überlebt und sind zur Welt gekommen. Die Frauen wurden in der Nachkriegszeit mit ihren Kindern zusammen ausgegrenzt und oft als Huren bezeichnet. Sie waren gezeichnet und konnten oft keine Partnerschaft mehr eingehen, aus Scham vor der erlittenen Erniedrigung. Sexualität war für viele eine Qual und wurde wie eine Retraumatisierung erlebt.

Eine betroffene Frau sagte einmal: »Wer wollte denn schon so eine! Ich musste froh sein, dass ich überhaupt noch einen Mann bekommen habe. Ich durfte da nicht wählerisch sein.« Man hat ihnen unterstellt, selbst Schuld zu sein an dem, was passiert ist, und viele Frauen tragen dieses Schuldbewusstsein in sich.

Die Kinder, die aus den Vergewaltigungen hervorgingen, hatten oft einen lebenslangen Leidensweg, der mehr als nur steinig war. Sie wurden gehänselt, beschimpft, gedemütigt und wurden von der Gesellschaft respektlos behandelt. Sie konnten keinen gesunden Selbstwert aufbauen, da sie im Mutterleib schon Ablehnung und Scham erfahren hatten. Die traumatisierten Frauen brachten traumatisierte Kinder zur Welt, das heißt, die Genschalter von Trauma, Schuld, Scham, Angst, Gewalt und Opferbewusstsein waren aktiviert und wurden an die nächste Generation weitergegeben.

Glaubenssysteme, die sich gebildet haben und weitergegeben wurden:

- Ich bin beschmutzt.
- Ablehnung des eigenen Kindes
- Männer sind Täter

- Angst vor Männern
- Ekel
- Als Frau bin ich nichts wert.
- Hilflosigkeit, Ohnmacht
- Männerhass
- Schuld- und Schamgefühle
- Verlust der Würde als Frau
- Ich habe keinen guten Mann verdient.
- Sexualität ist schmutzig.
- Ablehnung des eigenen Körpers
- Ablehnung des männlichen Körpers
- kein Körperbewusstsein
- nichts mehr fühlen
- Schweigen
- Abspalten von Gefühlen

Die Folgen dieser traumatischen Erlebnisse hatten vielfach auch körperliche Folgen, unter denen die Frauen ein Leben lang litten. Durch die Narben im Genitalbereich war Sexualität oft nur noch unter Schmerzen möglich. Manchmal war es nicht mehr möglich, Kinder auszutragen, da die weiblichen Organe innerlich zerstört waren. Viele Frauen hatten ein Leben lang Blasenprobleme, deren Ursache auf Vergewaltigungen zurückzuführen sind. Die Folgen, die diese tabuisierten Verbrechen an Frauen und Mädchen hatten, zeigen sich immer noch bei den Kindern, Enkeln und Urenkeln.

Kinderlosigkeit: Ahnenreihe mit Kindersterblichkeit

Beispiel aus der Praxis: Kinderwunsch

Ein Paar kommt zu mir mit einem innigen Kinderwunsch. Sie sind seit über zehn Jahren verheiratet, beide inzwischen Anfang vierzig und die Frau meint, die biologische Uhr ticke bei ihr und das mache ihr zusätzlichen Druck. Medizinisch haben beide alles abklären lassen, da gibt es kein Hindernis. Sie wird jedoch nicht schwanger.

Ich befrage sie nach den Schicksalen in der Familie. Sie weiß, dass ihre Großmutter mütterlicherseits mit zwei kleinen Kindern aus Preußen flüchten musste und dass auf der Flucht unschöne Dinge passiert sind. So formulierte es die Großmutter. Ein Kind der Großmutter ist auf der Flucht verstorben, und sie musste es, in eine Decke gewickelt, in einem Waldstück zurücklassen. Die Mutter der Klientin kam nach Kriegsende im Westen zur Welt, ein Jahr, nachdem der Großvater aus der Kriegsgefangenschaft heimkam. Sie wurde in der Familie »das Begrüßungskind« genannt.

Als Kind schon wollte die Klientin Näheres über die Familiengeschichte und die Flucht von der Großmutter wissen, bekam jedoch immer als Antwort: »Das war alles nicht schön. Ich will nicht mehr daran denken und auch nicht darüber reden. Ich bin froh, dass wir den Krieg überlebt haben und dass es uns heute gut geht.« Über ihr totes ältestes Mädchen konnte sie nie reden, die Klientin erfuhr erst nach dem Tod der Großmutter davon. Sie erlebte die Großmutter als gütige Frau, mit der sie ein inniges Verhältnis hatte. Sie starb mit fast 90 Jahren und nahm viele Geheimnisse mit ins Grab. Ihre Lebensgeschichte hatte jedoch Spuren bei den Nachkommen hinterlassen.

Die Mutter der Klientin hatte, solange sie zurückdenken kann, große Ängste. Obwohl sie behütet aufwuchs und als Wunschkind von ihren Eltern und dem älteren Bruder viel Zuwendung bekam, war sie von Kindheit an sehr ängstlich. Dies machte sich auch im Erwachsenenalter in der Erziehung ihrer Kinder bemerkbar. Die Klientin berichtet, dass die Mutter sich immer um ihre drei Kinder sorgte und dass sie sie wie eine Glucke beschützte. Die Klientin empfand das als sehr einengend und war froh, als sie zum Studium in eine andere Stadt ziehen konnte.

In der Genetic-Healing-Arbeit ging ich zum Ursprungsereignis der Kinderlosigkeit. Dort zeigte sich in der siebten Generation eine Ahnenfamilie, die bis auf eines all ihre Kinder verlor, meist durch Krankheiten schon im frühen Kindesalter. Dann starb die Mutter bei der Geburt des letzten Kindes. All die Informationen gab das Feld der Klientin an diesem Tag frei. Das konnte ich gut transformieren. Die Klientin konnte großes Mitgefühl für ihre Ahnen spüren und war dankbar, dass ein Kind überlebt hatte und somit die Ahnenlinie fortführen konnte, der auch sie entstammte. Im weiteren Verlauf zeigten sich in jeder Generation schwierige Lebensbedingungen, besonders was die Kinder betraf. Es gab häufig viele Geburten, aber nur wenige konnten überleben. In früheren Zeiten war die Kindersterblichkeit sehr viel höher als heute, manche Familien waren jedoch besonders betroffen, was großes Leid und Schmerz zurückließ. Auch hier zeigten sich in jeder Generation die epigenetischen Prägungen, die immer weiterwirkten. In dieser Sippe war das Erfahrungsfeld, was die Weitergabe des Lebens betraf, sehr ausgeprägt und mit einer großen Gefahr verbunden.

Das nächste Ereignis, das noch unerlöst war, zeigte sich in der Großelterngeneration, eben jene Großmutter, die geflüchtet war. In dem Feld dieses Ereignisses war sofort große Angst und Panik zu spüren. Es wimmelte von Soldaten, Frauen und Kinder rannten um ihr Leben, konnten jedoch keinen Schutz finden. Die Klientin konnte jetzt selbst die Bilder wahrnehmen, die ihre Großmutter tief in ihrem Inneren verschlossen hatte und die ihr das zeigten, was sie als »unschöne Erlebnisse« bezeichnet hatte. Auf der Flucht und danach im Lager kam es immer wieder zu Vergewaltigungen. Es gab Schwangerschaften und Abtreibungen und unglaubliches Leid im Zusammenhang damit. Sie konnte jetzt die unsichtbare Verbindung spüren, die sie mit dem Leid der Großmutter und dem der vorherigen Generationen verband. In ihrer Seele wirkte die Dynamik: Es ist gefährlich, Kinder zu bekommen. Großer Schmerz und Leid ist damit verbunden, daher bleibe ich lieber kinderlos. Da wurde ihr bewusst, was in ihrem Inneren wirkte. Ihr Körper hatte es nicht zugelassen, dass sie schwanger wurde. Im Angesicht des Schicksals ihrer Großmutter und dem der Generationen davor war das Kinderkriegen mit Angst und Leid verbunden.

Diese epigenetischen Prägungen, die in der Klientin wirkten und die ein Grund für ihre Kinderlosigkeit waren, konnten gut transformiert und die entsprechenden Gene deaktiviert werden. Sie fühlte sich nach der Sitzung sehr in Frieden mit dem Thema und meinte, dass sie jetzt eine neue Sicht auf ihren Kinderwunsch habe.

Sie berichtete dann noch, dass ihre ältere Schwester auch kinderlos sei, sie hatte jedoch noch nie einen Kinderwunsch gehabt. Sie arbeitet als Kinderkrankenschwester in einer großen Klinik und meint immer, sie habe den ganzen Tag genug Kinder um sich, da wolle sie keine eigenen. Der jüngere Bruder ist Lehrer und arbeitet als Sonderpädagoge in einem Heim für schwer erziehbare Jugendliche. Auch er hat keine eigenen Kinder, sondern kümmert sich liebevoll um andere Kinder. Er ist seit seiner Jugend homosexuell.

Betrachtet man die Dynamik der Familiengeschichte aus der Perspektive der Sippenseele, so hat sie scheinbar dafür gesorgt, dass es nach sieben Generationen Leid und Schmerz in Verbindung mit Kindern nun eine Veränderung geben soll, indem es zuerst einmal keine Nachkommen gibt. Indem die Klientin, im Gegensatz zu ihren Geschwistern, einen Zugang zu alternativen Heilmethoden hat, wurde sie auf die Genetic-Healing-Methode aufmerksam und konnte sich so mit dem Thema auseinandersetzen, um das generationenübergreifende Leid zu transformieren und die epigenetischen Prägungen zu löschen. Unabhängig davon, ob sie noch ein Kind zu Welt bringen wird oder nicht, ist ein Sippenthema erlöst, an das viele Menschen vor ihr gebunden waren.

Mitgefühl entwickeln

In einer Genetic-Healing-Sitzung kann ich viel von dem Schmerz, dem Leid und den traumatischen Ereignissen transformieren und die epigenetischen Prägungen in den Genen löschen, damit die Struktur sich nicht mehr weiter vererbt. Wichtig dabei ist, dass wir ein Verständnis und einen emotionalen Bezug zu den Ereignissen bekommen, die in unserem Leben und dem unserer Ahnen wirken. Das heißt, dass wir ein Bewusstsein dafür bekommen, was da in unserer Sippe wirkt. Wir sind ja ein Teil dessen und somit verbunden. In emotional sehr berührenden und schmerzhaften Situationen trennen wir uns oft von unseren Gefühlen ab, da wir es sonst nicht aushalten können. Das ist ein menschlicher Überlebensmechanismus. Doch wer sind wir ohne unsere Gefühle? Wir sind emotionale Wesen und brauchen für unser menschliches Zusammenleben Gefühle.

Oftmals wird dieses Nichtfühlen epigenetisch weitergegeben, wenn in der Ahnenreihe traumatische Erlebnisse waren. Dann sind die Gene für das Fühlen ausgeschaltet und emotionale Anteile abgetrennt. Wir erben dann sozusagen das Nichtfühlen und sind ebenso von unseren Gefühlen abgetrennt. In einer solchen Familie werden Gefühle nicht ernst genommen, meist wird gar nicht darüber gesprochen, Emotionen werden unterdrückt – und wenn das Fass am Überlaufen ist, folgt vielleicht ein Wutausbruch. Alles wird rational er- und geklärt, und das wird zur Normalität. Wir kennen es gar nicht anders und wundern uns manchmal, dass es Menschen gibt, die eine solche »Gefühlsduselei« an sich haben. Dann ist es unsere Aufgabe, uns wieder mit unseren Gefühlen zu verbinden, uns wieder zu spüren, um ein Gefühl für uns selbst und unsere Körper zu bekommen. Dann können wir auch unsere Mitmenschen spüren, Empathie entwickeln und vor allem Mitgefühl für uns selbst und unsere Ahnen.

Ich erlebe oft, dass Menschen wütend auf ihre Eltern oder die Ahnen sind, da sie ihnen solche Lasten weitergegeben haben. Sie würden ihnen am liebsten das ganze Paket vor die Füße werfen und glauben dann, sie wären davon befreit. Dem ist jedoch nicht so. So ein Paket tragen wir aus der Verbindung und Liebe zu unserer Sippe heraus. Wir gehören zu diesem System und haben eine Loyalitätsbindung, die wir anerkennen müssen. Letztlich tragen wir die Lasten aus Liebe mit. Wir sind in Liebe mit dem System verbunden. Ob uns dies bewusst ist oder nicht. Bert Hellinger, der das Familienstellen maßgeblich entwickelt und bekannt gemacht hat, sagte einmal: »Oft sind wir in der unheilvollen Liebe mit unseren Ahnen verbunden.« Wenn diese unheilvolle Liebe ans Licht kommt, kann sie jedoch in die heile Liebe verwandelt werden.

Für die Arbeit mit der eigenen Familie und den Ahnen brauchen wir viel Mitgefühl. Meist wird Mitgefühl allerdings mit Mitleid verwechselt. Wenn wir Mitleid empfinden, leiden wir mit dem anderen. Dann geht es plötzlich nicht nur einem, sondern zwei Menschen schlecht. Wem ist damit gedient? Niemandem! Wenn ich Mitgefühl habe, schaue ich mit Liebe zu der Person in dem Bewusstsein, dass es ihr Leben, ihr Schicksal ist, und ich darf es achten. Ich schaue mit Achtung und Respekt zu der Person und auf das Schicksal, das sie oder er gewählt hat. Dann bin ich verbunden und gleichzeitig frei und kann es bei der anderen Person lassen. Wir können die Ereignisse der Vergangenheit nicht ungeschehen machen, wir können sie jedoch mit Achtung und Respekt anschauen und Mitgefühl entwickeln.

Glaubens- und Lebensmuster, die daraus entstanden sind:

- Das Leben ist gefährlich.
- Das Leben weiterzugeben bedeutet Leid und Schmerz.
- Kinder sterben, das ist ein großer Schmerz.
- Kinder können nicht überleben.
- Kinder zu bekommen ist gefährlich.
- Der Schmerz, sie zu verlieren, ist unerträglich.

- Schwanger zu sein kann den Tod bedeuten.
- Als Mann bin ich schuld an dem Tod der Frau, die im Kindbett stirbt, da ich sie geschwängert habe.

Dieses Schuldgefühl wirkt oft über viele Generationen bei Männern, wenn eine Frau im Kindbett stirbt. Das hat einen großen Einfluss auf die Sexualität, besonders bei den männlichen Nachkommen. Manchmal geht es so weit, dass männliche Nachkommen keine Kinder zeugen können oder impotent werden.

Erziehung im Krieg, die uns mitgeprägt hat

Die Folgen der Erziehung während der Nazi-Herrschaft sind auch nach dem Krieg noch in vielen Familien zu spüren und wurden epigenetisch an die Nachkommen weitergegeben. Es gab spezielle Erziehungsratgeber, und ein Bestseller, der auch nach dem Krieg noch in den Bücherregalen zu finden war, stammt von der Ärztin Johanna Haarer. Sie erklärte darin, wie man Kinder für den Führer erzieht. Um sie zu guten Soldaten und Mitläufern zu machen, forderte das NS-Regime Mütter dazu auf, die Bedürfnisse ihrer Babys gezielt zu ignorieren. Sie sollten emotions- und bindungsarm werden. Wenn eine ganze Generation systematisch dazu erzogen wurde, keine Bindungen zu anderen aufzubauen, was konnten sie dann an ihre Kinder und Enkelkinder weitergeben?

In den 1970er-Jahren gab es an der Universität Regensburg Forschungen, die die Mutter-Kind-Bindungen untersuchten. Auch da gab es viele Mütter, die ihr Kind ja nicht verwöhnen wollten.

Wir wissen, welcher Schmerz dies für die kleinen Lebewesen bedeutet und was dies für Folgen auf die Bindungsfähigkeit und das Vertrauen ins Leben hat.

Eine Klientin, in den 1960er-Jahren geboren, berichtet, dass sie und ihre Geschwister sich als Kind nackt auf ein Holzstück knien mussten, wenn sie den Anordnungen der Eltern nicht gehorchten. Noch als erwachsene Frau hatte sie ein großes Schamgefühl, wenn sie ihre Kleider ablegen sollte. Diese Strafen sind kein Einzelfall und haben tausenden von Menschen die Würde genommen.

Immer ist irgendwo ein Krieg

Ich berichte von den Folgen des Krieges so ausführlich, da die Nachkommen der am Krieg beteiligten Ländern immer noch unter den Folgen leiden. Es gab ja nicht nur die beiden Weltkriege im letzten Jahrhundert. In den vergangenen Jahrhunderten gab es immer wieder Kriege und Überfälle, die oft noch als Information in den Zellen der Nachkommen gespeichert sind. Überall auf unserem Planeten finden daneben ständig Kriege statt.

Die Arbeitsgemeinschaft Kriegsursachenforschung (AKUF) bringt einmal im Jahr eine Übersicht über die Kriege und bewaffneten Konflikte heraus, die im vergangenen Jahr stattgefunden haben. Laut dieser Forschungseinrichtung fanden 2020 weltweit 25 Kriege und 4 sogenannte bewaffnete Konflikte statt. Anfang der 90er-Jahre wurden weltweit ca. 60 kriegerische Auseinandersetzungen gezählt, und seit Februar 2022 gibt es den Ukraine-Krieg. Alle kriegerischen Auseinandersetzungen hinterlassen Tote,

Angst und Schrecken, Hungersnöte, Flüchtlingsströme und unendlich viele traumatisierte Menschen, deren Gene diese Informationen speichern und an die Nachkommen weitergeben. Wir sind also immer irgendwo mit den Folgen von Kriegen und deren Folgen konfrontiert.

Vielleicht kommt irgendwann einmal eine Zeit, in der auf der ganzen Welt Frieden herrscht. Wenn ich mir die epigenetischen Prägungen, besonders auch die kollektiven, anschaue, dann leisten wir mit jeder Transformation von Kriegsfolgen einen Beitrag dazu. Meine Vision, ja mein Herzenswunsch ist es, dass die leidvollen Prägungen irgendwann bei allen Menschen transformiert und in den Genen gelöscht sind. Und dass wir die Gene für Frieden, Lebensfreude, Liebe und ein respektvolles Miteinander alle bei uns aktivieren und an unsere Nachkommen weitergeben.

Epigenetische Prägungen in der Familiengeschichte

In unseren Familien gibt es unzählige Verhaltensweisen, die oft seit vielen Generationen wirken und uns sowie unsere Ahnen geprägt haben. In der Regel wissen wir meist nicht mehr, wie diese Strukturen, die uns auch als »blinde Flecken« bekannt sind, einst zustande kamen. Es gab irgendwann einmal Ereignisse, meist waren es tragische Situationen, die ein besonderes Verhalten notwendig machten, sie waren wichtig für das Überleben und zur Sicherheit. Daraus wurden dann Glaubenssysteme, und daraus wiederum entwickelten sich Überzeugungen. Diese wurden dann zum Bestandteil des Lebens, sie haben das Leben und das Erleben unserer Vorfahren geprägt. Das können positive und kraftvolle oder auch hindernde Erlebnisse sein.

Wurde zum Beispiel in früheren Zeiten in ihrem Haus oder ihrer Hütte eingebrochen, sie wurden beraubt und es kam zu lebensbedrohlichen Situationen, dann wurden von den beteiligten Menschen Sicherheitsvorkehrungen getroffen. Das ist völlig normal und auch sinnvoll. Es können sich jedoch auch Ängste entwickelt haben und Misstrauen gegenüber Fremden. Es kann sein, dass danach alles verriegelt und weggeschlossen wurde. Es könnte einen Vertrauensverlust zur Folge haben, so dass künftig das Leben unbewusst als unsicher und gefährlich empfunden wird. Man kann scheinbar niemandem mehr trauen und entwickelt einen Kontrollmechanismus.

Wenn solche Ereignisse einmal oder häufiger vorkommen, was in früheren Zeiten durchaus der Fall war und auch heute noch passiert, dann entstehen Überzeugungen daraus. Wir sind dann überzeugt, dass das Leben gefährlich ist, dass wir niemandem vertrauen können und dass wir möglichst mit wenigen Menschen in Kontakt sein sollten, denn es könnten sich überall potenzielle Täter tummeln.

Solche Ereignisse hinterlassen Spuren in den Genen bei allen Beteiligten. Entsprechende Gene werden aktiviert und andere Gene, zum Beispiel die für Vertrauen, werden abgeschaltet. Diese Signatur wird dann an die nächsten Generationen weitergegeben. Irgendwann weiß man nicht mehr, warum man in einer Familie so misstrauisch ist und so wenig Vertrauen in das Leben hat. Selbst wenn die äußeren Bedingungen verändert sind, also ein gewisses Vertrauen in das Leben und das Umfeld gegeben ist, wirken diese Strukturen noch.

Kontrollzwang – ein Beispiel:

Ein Klient wollte ein ihn seit langem belastendes Thema lösen. Er berichtete, dass er seit Jahren einen krankhaften Kontrollzwang entwickelt hat und er und seine Familie sehr darunter leiden. Es fing vor einigen Jahren aus heiterem Himmel an, dass er immer wieder die Herdplatte kontrollierte, ob sie auch ausgeschaltet war. Dann ging er abends mehrmals an die Haustür und kontrollierte, ob diese auch abgeschlossen war. Dies steigerte sich zunehmend. Er musste jetzt, bevor er das Haus verließ, in alle Zimmer gehen und schauen, ob alles in Ordnung war. Er schaute sogar unter die Betten, um sicher zu sein, dass sich niemand darunter versteckt hatte. Er kontrollierte die Lichtschalter, die Wasserhähne, ging in den Keller und schaute in jeden Raum, ob alles in Ordnung war. Selbst dann hatte er, als er unterwegs war, noch ein ungutes Gefühl und ist manchmal wieder zurück in sein Haus gefahren, um nochmals nachzuschauen, ob auch alles in Ordnung war. Er sagte, dass er dabei oft Todesängste spürte, die er sich nicht erklären konnte.

In der Genetic-Healing-Sitzung ging ich zum Ursprungsereignis, und es zeigte sich eine traumatische Situation in der zehnten Generation, das liegt ca. 250 bis 300 Jahre zurück. Diese Ahnenfamilie wurde von einer durchziehenden Horde überfallen, die Haus und Hof ausraubten und alle, die sie auf dem Anwesen antrafen, umbrachten. Es gab aber wohl noch Überlebende dieser Familie, denn die Ahnenlinie setzte sich fort. In der Sitzung konnte mit Hilfe der hochschwingenden Genetic-Healing-Energie die gesamte Situation transformiert werden; die Genschalter konnten entsprechend deaktiviert werden. Diese Information konnte ich dann durch alle Generationen und Zeitlinien bis in das Energiefeld und alle Zellen meines Klienten einfließen lassen. Danach wurden noch die epigenetischen Prägungen in seinen Genen energetisch deaktiviert.

Schon während der Transformation fühlte sich der Klient sichtbar erleichtert. Er konnte jetzt sein Verhalten zum ersten Mal verstehen. Ihm wurde auch bewusst, dass dieser Kontrollzwang wie ein Ruf seiner Ahnen war, endlich das seit vielen Generationen wirkende Trauma aufzulösen. Im Nachhinein war er dankbar für diese Erfahrung. Konnten doch jetzt zehn Generationen von dieser Transformation profitieren. Und natürlich auch seine Nachkommen. Er hatte große

Angst gehabt, dass sich sein zwanghaftes Verhalten auch auf seine Kinder auswirken könnte, sie bekamen ja die Ängste des Vaters mit. Doch auch die Kinder konnten die transformierten Informationen aufnehmen, so dass sie diese Erfahrungen nicht mehr machen müssen.

Die neue Dimension der Aufstellungsarbeit

Durch die seit Jahrzehnten durchgeführten Familienaufstellungen ist bekannt, dass die Nachkommen viele Päckchen, Schicksale und Verhaltensweisen von den Vorfahren übernehmen. Wir sind in einer tiefen Bindungsliebe mit unserer Sippe verbunden, unabhängig davon, wie die Beziehung im Außen ist. Auf einer tiefen Ebene ist es unser größter Wunsch, dass wir dazugehören, dass wir geliebt und anerkannt werden, so wie wir sind. Dafür tun wir alles. Wir passen uns an, übernehmen Aufgaben, die uns als Kind nicht zustehen und oft total überfordern, wir erdulden Gewalt, Missbrauch, Demütigungen, nehmen die Familie dafür noch in Schutz und verzichten auf unser eigenes Leben. Wir verzichten auf die Ausbildung unserer eigenen Persönlichkeit, unserer Talente, Gaben und Potenziale, da es eine Instanz in uns gibt, die uns an die irdische Familie bindet. Es ist die Loyalitätsbindung. Diese verhindert oft bis ins Erwachsenenalter hinein, manchmal ein ganzes Leben lang, dass wir uns selbst erkennen, dass wir wissen, wer wir wirklich sind, und dass wir beginnen, unser Eigenes zu erkennen und dann auch selbstbewusst, im wahrsten Sinne des Wortes, zu leben.

Aus meiner langjährigen Arbeit mit systemischen Aufstellungen kann ich sagen, dass es unzählige erwachsene Männer und Frauen gibt, die wie mit einem unsichtbaren Klettband und meist unbewusst an die Werte und Strukturen ihrer Herkunftsfamilie gebunden sind. Dabei sind alle Schichten betroffen. Oft sind es hochintelligente Menschen, die in bestimmten Lebensbereichen auch erfolgreich sind – und dann zum Beispiel in Beziehungen die Strukturen der Ahnen nachleben. Sie tun weder sich noch ihrer Familie damit einen Gefallen. Meist wissen sie noch nicht einmal, dass sie in großen Teilen nicht ihr eigenes Leben leben. Es ist ja »normal«, so wie die Eltern zu werden. »Der Apfel fällt nicht weit vom Stamm«, wird dann in einem bittersüßen, hilflosen, manchmal aber auch in einem stolzen Ton gesagt. Diese Loyalitätsbindung ist meist sehr unbewusst. Und weil es so normal ist, wie die Eltern zu sein, werden die Verhaltensweisen, Programme und Überzeugungen oft ein Leben lang nicht hinterfragt.

Erst wenn sich ein Mensch mehr mit seiner eigenen Persönlichkeitsentwicklung beschäftigt, erkennt er, dass er nicht sein eigenes Leben, sondern das seiner Mutter, das des Vaters oder das der Großeltern lebt. Wie oft habe ich den Satz »Ich werde immer mehr wie meine Mutter/mein Vater« gehört. Und keiner will jedoch so werden wie Mutter und Vater. Auch diese Aussage kommt in diesem Zusammenhang. Die Menschen kommen irgendwann zu der Erkenntnis und wollen ihr eigenes Wesen entdecken, sich selbst erkennen. Ihre eigene Persönlichkeit, ihr eigenes Denken, Fühlen, und vor allem wollen sie neue und eigene Erfahrungen machen. »Erkenne dich selbst« – diese überaus wichtige Botschaft, die auch als Essenz des »Orakel von Delphi« bekannt ist, ist eine unserer wichtigsten Aufgaben hier in diesem Leben.

Wie kann ich mich jedoch selbst erkennen, wenn ich in jeder meiner ca. 80 Billionen Zellen meines Körpers die Informationen meiner Ahnen trage? Wenn das Leid, der Kummer, die Schicksale und Lebensbedingungen bis in mein Erbgut eingraviert sind? Es ist wie ein Tuch, das über uns liegt und das Eigene verdeckt.

Dieses Tuch, meist sind es viele Schichten von Tüchern, heben wir mit der Genetic-Healing-Arbeit und bringen es den ursprünglichen Besitzern zurück. Und nicht nur das, wir »waschen« und »reinigen« es für sie, ebenso wie die Signaturen, die es in den Genen hinterlassen hat, damit alle frei werden können.

In den letzten Jahrzehnten konnte schon viel Leid transformiert und gelöst werden. Das Bewusstsein über die transgenerationalen Vererbungen erreicht immer mehr Menschen, und somit bekommen wir auch die Möglichkeit, im eigenen Leben etwas zu verändern. Die Begrenzungen, die viele Menschen in ihrem eigenen Ausdruck zurückhalten, sind oft schon seit vielen Generationen wirksam. Jetzt gibt es endlich die Möglichkeit, diese Strukturen für alle aufzulösen, damit wir vom Leid der unendlichen Erfahrungen frei werden.

Eigene Begrenzungen

In meiner Sippe gab es die Struktur der Begrenzungen schon seit zwölf Generationen in der weiblichen Ahnenlinie. Das war nicht die einzige blockierende Struktur, die in unserer Ahnenlinie wirkte. Ich selbst war da angebunden und hatte an dem Thema in den letzten Jahrzehnten immer wieder gearbeitet. Ich konnte viele Aspekte der Begrenzungen und Blockierungen lösen und fühlte mich nach jeder Transformation immer ein Stück freier. Ich bin seit Ende der 80er-Jahre selbstständig mit eigener Praxis und immer auch erfolgreich gewesen. Ich konnte mein Potenzial Stück für Stück entwickeln und war in vielen Bereichen sehr kreativ. Dennoch hatte ich immer wieder einmal das Gefühl, da ist noch mehr möglich, es ist noch viel mehr in mir, das gelebt werden will. Ich hatte über viele Jahre hinweg oftmals eine 7-Tage-Arbeitswoche. Da ich meine Arbeit sehr liebe, war das für mich aber kein Problem. Privates hat sich mit Beruflichem verbunden, ich habe das nie getrennt. Meine Berufung findet 24 Stunden am Tag statt, das war – und ist auch heute noch – meine innere Haltung.

Diese epigenetische Prägung meiner positiven Arbeitshaltung kommt übrigens von meinem Vater. Schon als kleines Kind war er mein Vorbild, ich wollte »Chef« werden wie er. In einem Schulaufsatz schrieb ich in der 2. Klasse: »Wenn ich groß bin, werde ich ›Schäf‹ (Chef) wie mein Vater.« Meine Mutter hat das oft zitiert – man beachte die Rechtschreibung, und dieses Schulheft hatte ich viele Jahre aufbewahrt. Diese Prägung hat mir viel Kraft, Durchhaltevermögen und Inspiration in meiner beruflichen Ausrichtung gegeben. Wobei damit auch das Glaubenssystem »Für Erfolg muss man viel und hart arbeiten« verbunden war. Auch daran habe ich natürlich gearbeitet, vor allem wollte ich irgendwann, dass alles leichter gehen darf.

Mein Privatlebeben ist dabei jedoch oft zu kurz gekommen, meine Berufung stand immer an erster Stelle in meinem Leben. Erst in den letzten Jahren konnte ich ein einigermaßen gesundes Gleichgewicht herstellen.

Ich war in meinem beruflichen Bereich nicht nur mit meinem Vater verstrickt. Auch in der mütterlichen Linie gab es Loyalitäten, vor allem mit der Urgroßmutter mütterlicherseits. Sie war die einzig lebende Tochter von wohlhabenden Bauern und sollte den Hof mit all den Gütern erben. Sie verliebte sich in einen ungarischen Knecht, der auf dem Hof arbeitete. Gegen den Willen ihrer Eltern heirateten die beiden, und sie wurde daraufhin enterbt. Den Erzählungen nach lebte sie in den ersten Jahren mit ihrer kleinen Familie in großer Armut und wurde von der Familie ausgegrenzt. Meine Mutter erzählte uns, dass sie keinen Tisch zum Essen hatten – sie aßen an der Fensterbank. Doch damit gab sie sich nicht zufrieden. Sie musste wohl die Unternehmergene von ihren Eltern geerbt haben, denn sie baute sich einen eigenen kleinen Betrieb auf. Sie wurde Marktfrau und verkaufte verschiedene Waren auf den Märkten ihrer Heimat. Sie kaufte sich ein Auto, um die Waren zu transportieren und um in weiteren Städten präsent zu sein. Sie war in dem Ort die erste Frau, die ein eigenes Auto besaß und dieses auch selbst steuerte. Das war in den 1920er-Jahren.

Mit dieser Urgroßmutter Barbara war ich mit unsichtbaren Fäden tief verbunden. Es waren positive und kraftvolle Bindungen, ebenso wie hindernde und blockierende. Als selbstständige Frau den eigenen Weg zu gehen, war in dieser Zeit, als sie lebte, nicht üblich. Sie hatte es nicht leicht, hat sich jedoch nicht von ihrem Weg abbringen lassen. Wollte sie ihren Eltern beweisen, dass sie es auch allein schaffte, ohne das Vermögen und das Erbe der Familie? Sie wurde in ihrem Leben nicht glücklich, auch die Verbindung zu ihrem Mann muss wohl nicht sehr erfüllend gewesen sein. Gegen Ende des Zweiten Weltkrieges musste sie, wie viele andere, aus ihrer Heimat Südmähren flüchten. Auf der Flucht traf sie ein Bombensplitter, sie wurde zurückgelassen und kam irgendwo in ein Krankenhaus. Erst viele Jahre nach dem Krieg haben die Nachkommen erfahren, dass sie in Süddeutschland in einem Krankenhaus an den Folgen dieser Kriegsverletzung verstorben war. Ein trauriges Ende für eine Frau, die sich ihr Leben sicher einmal ganz anders vorgestellt hatte. Meine Mutter hatte sie als eine verbitterte und strenge Großmutter in Erinnerung, zu der sie nie eine Verbindung aufbauen konnte.

Schon in einer meiner ersten Familienaufstellungen vor vielen Jahren zeigte sich diese Bindung zu ihr. Ich hatte großes Mitgefühl für diese tapfere Frau, die trotz ihres nicht immer leichten Lebens ihren Weg ging.

Im Laufe der Jahre zeigten sich in meinen Aufstellungen und Genetic-Healing-Sitzungen immer wieder Strukturen, die ich von ihr übernommen hatte. Sie hatte viel Unerlöstes zurückgelassen, was sich in den nachfolgenden Generationen in vielen Lebensbereichen zeigte.

In all den Jahren konnte ich viele Themen, die mit ihr und ihren Vorfahren in Zusammenhang standen, erlösen, so dass jetzt die guten Kräfte für uns alle wirken können.

Ich war immer sehr dankbar, dass ich für mich selbst Aufstellungen durchführen konnte, ich habe sogar ein eigenes Buch mit Kartenset und genauer Anleitung zum Selbstaufstellen entwickelt und herausgegeben. Und natürlich ist es ein großer Segen, dass ich mit meiner Schwester Monika zusammenarbeite, Aufstellungen und Genetic-Healing weiterentwickele und wir so gemeinsam der Familie und dem Kollektiv dienen können.

Der Anfang von Genetic-Healing

Wie ich zu Beginn schon geschrieben habe, kam an einem sonnigen Herbsttag im September 2016 die Lösung für dieses so wichtige Thema, das mich jahrelang begleitete. Ich hatte wieder einmal das Gefühl, dass da etwas in mir rumort, das endlich aufgelöst werden möchte. In der Aufstellung, die ich damals mit meiner Schwester Monika durchführte, bekam ich von meinen geistigen Helfern einen der wichtigsten Schlüssel in meiner bisherigen Arbeit. Sie sagten mir damals, dass das Thema Begrenzungen epigenetisch sei und seit zwölf Generationen in meiner weiblichen Ahnenlinie wirkte. Sie sagten auch, dass ich das mit meinen bisherigen Methoden nicht nachhaltig auflösen können. Wir stellten also die zwölfte Generation auf, diese Ahnin, bei der alles begonnen hatte. Führt man eine Aufstellung durch und stellt verschiedene Positionen einer Thematik auf, öffnet sich ein sogenanntes wissendes Feld, das uns Zugang zu den verborgenen Informationen gewährt. So bekam unsere Ahnin eine Stimme.

Die Mitteilung war, dass sie seit ihrer Ehe ein schwieriges Leben hatte. Sie hatte viele künstlerische Talente und war in ihrer Kindheit und Jugend ein fröhlicher, offener Mensch gewesen. Sie kam nach der Heirat in das Haus und die Familie ihres Mannes. Dort herrschte eine düstere Stimmung, sehr viel Gewalt und Unterdrückung, besonders den Frauen gegenüber. Sie verlor zusehends ihre fröhliche Art, wurde immer verschlossener und versiegelte ihr Herz, um weiteren Verletzungen zu entgehen. Jegliches Zeigen und Leben ihrer Talente sowie Eigeninitiative hatten Gewalttätigkeiten ihres Mannes zur Folge. Ihr Mann duldete keinerlei eigene Meinung, sie musste ihm gehorchen. Sie – und später auch die gemeinsamen Kinder – erfuhren zeitlebens sehr viel Gewalt und Demütigungen. Diese Erfahrungen hinterließen tiefe und nachhaltige Spuren in den Genen von allen Beteiligten, die an die Kinder und Enkel weitergegeben wurden.

Wir fühlten uns dann in das Energiefeld der nachfolgenden Generationen ein und konnten wahrnehmen, wie sich dieses Schicksal in der Ahnenreihe weiterentwickelt hatte. Besonders die weiblichen Nachkommen waren eingeschüchtert, hatten wenig Selbstwert und hielten sich in allem sehr zurück, vor allem in ihrem Selbstausdruck. Man hatte den Frauen ihre Würde genommen. Es gab in den nachfolgenden Generationen Täter sowie Opfer, und meist waren die Frauen die Opfer und die Männer die Täter, was zu einem großen Ungleichgewicht in der Mann-Frau-Beziehung führte. Dies war nur eine der vielen Folgen für die Nachkommen. Ausgeprägte Gewalt war nach einigen Generationen nicht mehr wahrzunehmen.

Was jedoch weiter zu spüren war, war das Ungleichgewicht zwischen Mann und Frau. Es gab wenig gegenseitige Achtung, die Herzen waren verschlossen, so war keine tiefe Liebe, Hingabe und gegenseitige Wertschätzung mehr möglich. Die Frauen waren ständig auf der Hut, die Kontrolle zu behalten, damit ihnen eine solche Abhängigkeit nicht mehr passierte. Sie hatten sich geschworen: »Das passiert mir nie wieder. Nie wieder lasse ich mich von einem Mann dominieren.« So kam ein Seelenvertrag in die weibliche Ahnenlinie, an den die Nachkommen gebunden waren. Solche Seelenverträge sind sehr machtvoll und wirken über viele Generationen. Ein Seelenvertrag kann natürlich auch erst aufgelöst werden, wenn er bekannt wird. Da sind feine Antennen notwendig, um solche Abmachungen wahrzunehmen.

Unsere Mutter hat immer viel von früher erzählt, sie hatte eine große Familie mit vielen Schicksalen. So wissen wir viel aus dem Leben der mütterlichen Linie, von den Großeltern und den Urgroßeltern. Es gibt sogar Überlieferungen aus dem Leben der Ururgroßeltern. Als die älteste Schwester meiner Mutter noch lebte, machten wir öfters einen »Tanten-Erzähltag«. Da kamen die Geschwister meiner Mutter mit uns zusammen, und sie erzählten uns von früher. Wir konnten ihnen Fragen stellen und meist konnten sie auch alles beantworten. Meine Schwestern, meine Töchter und ein Teil meiner Cousinen waren damals dabei. Nur wir Frauen! Das waren emotionale und sehr berührende gemeinsame Stunden.

Wir waren uns bei diesen Treffen sehr nahe, und es war eine große Verbundenheit und Liebe zu spüren. Gemeinsame Wurzeln verbinden, geben Kraft und Stärke, trotz der leidvollen Erfahrungen, die auch Teil unserer gemeinsamen Vergangenheit waren – oder vielleicht gerade deshalb. Es ging, ob der vielen Schicksale, die unsere Familie erlebt hatte, eine große Dankbarkeit von allen aus. Dankbar für das, was sich an Gutem bei allen entwickelt hatte.

Diese Dankbarkeit dem Leben gegenüber und dass am Ende alles gut wird, ist eines der großen Geschenke, die uns unsere Mutter weitergegeben hat. Egal in welcher Lebenssituation sie sich auch befand, sie sah immer beide Seiten und richtete sich dann stets auf das Positive aus. Sie hatte einen tiefen Glauben, dass alles einen Sinn hat, was uns in unserem Leben passiert, auch wenn wir ihn nicht gleich erkennen, und dass alles gut ausgeht. Im Nachhinein können wir vieles verstehen. Sie stellte sich immer eine gute Lösung vor, wenn es eine Herausforderung in ihrem Leben gab, und sie war überzeugt, dass sich ihre Wünsche erfüllen, sei es nun ein kreativer Handwerker, den sie für irgendwelche Aufgaben brauchte, oder ein körperliches Unwohlsein. Und dann kam es auch immer so, wie sie es sich vorgestellt und gewünscht hatte. Und das alles, ohne dass sie je ein Seminar über positives Denken oder kreatives Wünschen besucht hatte. Mit über 90 Jahren sagte sie mir einmal: »Ich muss aufpassen, was ich mir wünsche, es erfüllt sich immer schneller. Das ist mir fast unheimlich!«

Diese positive Ausrichtung dem Leben gegenüber haben wir sieben Kinder alle mitbekommen. Das sind natürlich auch epigenetische Prägungen, die uns und unsere Nachkommen wiederum prägen und die in die Strukturen der Sippe mit einfließen. Meine sechs jüngeren Geschwister und ich haben in gemeinsamen Familienaufstellungen schon viele Ahnenthemen zusammen aufgelöst. Wir trafen uns oft einen ganzen Tag lang und haben unsere eigenen Themen im Kontext der Ahnen angeschaut und gute Lösungen gefunden. Wir alle haben ein Interesse daran, Licht in unsere Ahnenreihen zu bringen, um uns und unsere Vorfahren von den vielen Verstrickungen zu befreien. Auch die nachfolgende Generation, unsere Kinder, konnte sich für die Aufstellungsarbeit begeistern. Ich hatte lange Zeit eine Kinder-Jugendliche-Aufstellungsgruppe mit meinen Nichten und Neffen, sie konnten dann Themen aufstellen, die sie im Alltag beschäftigten, wie Konflikte in der Schule, mit Freunden oder mit den Eltern. Oft machten wir auch Kollektivaufstellungen, wenn es ein Thema gab, das die Gruppe beschäftigte. Es waren immer besondere Nachmittage, die ich mit diesen weisen jungen Menschen erleben durfte. Sie hatten eine feine und sehr detaillierte Wahrnehmung der Energiefelder einer Aufstellung und konnten meist selbst wunderbare Lösungen aufzeigen. Ich hatte oft das Gefühl, dass die jüngere Generation ein völlig neues Bewusstsein mitbringt, das den Weg in die neue Zeit aufzeigt. Für viele dieser jungen Menschen ist eine natürliche Achtung und Wertschätzung anderen gegenüber selbstverständlich. Sie bewerten und urteilen viel weniger und nehmen die Menschen so, wie sie sind. Das zeigte sich damals schon in der Arbeit ganz deutlich.

Neue Informationen in jeder Generation

Nun ist es so, dass in jeder Generation neue Informationen und Schicksale, neue Kräfte, aber auch hindernde Strukturen in die Genetik kommen. Dadurch, wie das eigene Leben gelebt wird, durch das Umfeld, die Ereignisse und natürlich auch durch die Partner und Partnerinnen, mit denen dann Kinder gezeugt werden. Das heißt, die epigenetischen Prägungen vermischen und verändern sich in jeder Generation. Wenn es sich jedoch um emotional tiefgreifende, traumatische Erlebnisse handelt, dann bleiben die entsprechenden Gene eingeschaltet – so lange, bis sie angeschaut und erlöst werden. So ist zumindest unsere jahrzehntelange Erfahrung in der Arbeit mit Menschen, und das kann ich auch aus eigener Erfahrung sagen. In dieser legendären Sitzung im September 2016, die mir wahrscheinlich zeitlebens in Erinnerung bleiben wird, teilten uns die Hathoren, diese hilfreichen, geistigen Wesen, die Vorgehensweise mit, wie wir über viele Generationen wirkende traumatische Ereignisse transformieren und die Spuren in den Genen auflösen können. Und nicht nur das: Sie sagten, dass alle Generationen, die davon betroffen sind, frei werden können, ebenso die Nachkommen. Und dass wir bestimmte Themen, die seit vielen Generationen in der Familie wirken, im familiären Erfahrungsfeld löschen können.

Sie sagten uns, dass, wenn wir ein Thema nachhaltig auflösen wollen, wir immer zum Ursprungsereignis gehen müssen. Also in die Generation, zu der oder den Personen und zu dem Ereignis, bei dem alles begann. Das war in meinem Fall die 12. Generation. Nun brachten sie uns in eine sehr hohe Energie, in eine Schwingung, die wir bis dahin noch nicht gekannt hatten. Wir mussten uns gut erden, um nicht abzuheben. Wir wussten beide, Monika und ich, dass dies heute etwas sehr Besonderes war, dass wir in eine neue Dimension der Aufstellungsarbeit kamen. Dann zeigten sie uns das Ritual der Transformation und sagten, dass letztendlich sie mit ihrer hohen Schwingung die Transformation durchführen. Deshalb ging es so leicht und so schnell, dass wir es kaum glauben konnten. Wir hatten die Absicht, und die Arbeit machten die Hathoren, das war genial. Dann zeigten sie uns, wie wir im Ursprungsereignis die Genschalter deaktivieren können, auch das ging leicht und fließend. Dann wurden die gesamten Informationen in die Gegenwart, in mein Energiefeld gebracht. Zum Schluss wurden in meiner DNS die entsprechenden Genschalter dieser epigenetischen Prägung deaktiviert. Auch dieses Ritual ging leicht, schnell und ohne Drama vonstatten. Wir fühlten uns dann noch einmal in das Feld der Aufstellung ein, zuerst in die Position der Ahnin. Zu unserem Erstaunen war die Ahnin vollkommen neutral, sie bedankte sich bei uns für das Auflösen dieser traumatischen Erfahrung in ihrem Leben. Dann gingen wir in alle weiteren Generationen, und siehe da – auch hier war nichts mehr von dieser Dynamik zu spüren. Alle Generationen waren neutral. Es war nichts mehr von dem vorherigen Drama zu spüren. Dann ging ich in meine eigene Position, und auch hier konnte ich nichts von den vorher gespürten Begrenzungen mehr wahrnehmen. Mit großer Freude und Dankbarkeit beendeten wir diese Aufstellung. Wir wussten beide – heute hat eine neue Ära der Aufstellungsarbeit begonnen. Die Hathoren sagten: »Ja, und dies ist erst der Anfang!«

Informationen von den Hathoren

Wenn ich mit den Hathoren in Kontakt bin, ist es immer hilfreich, dass ich mein Aufnahmegerät dabei habe, um alles aufzunehmen, was sie mir mitteilen. Ich bin dann gleich in einer sehr hohen Frequenz und könnte das hinterher alles nicht mehr verbal wiedergeben. Deshalb sollte ich alle Informationen, die sie mir gaben, aufnehmen. In den nachfolgenden Tagen und Wochen war ich fast täglich mit den Hathoren in Kontakt. Sie gaben mir Informationen über die Codierung unserer DNS, wie wir programmiert sind, was und wie alles in unseren Genen verankert ist. Sie sprachen von geheimen Grundprogrammierungen, von denen die Menschheit noch nichts weiß, und wie wir darüber manipuliert und gesteuert werden.

Es war faszinierend und schockierend zugleich. Sie sprachen auch über Heilmethoden, die sie vermitteln wollten, und über das neue Zeitalter, in das wir jetzt gehen. Sie zeigten mir, wie ich die Transformationsarbeit in Einzelsitzungen und Seminaren anwenden konnte – und einige Zeit später auch, wie ich sie als Ausbildung weitergeben konnte, damit sie vielen Menschen zum Segen gereicht. Wir wurden uns zunehmend vertrauter, und da sie sehr humorvolle und liebevolle Wesen sind, spürte ich immer mehr die wunderbar leichte und fröhliche Energie, wenn ich mit ihnen arbeitete.

Viele Menschen, die inzwischen mit der Methode Genetic-Healing arbeiten, können dies bestätigen. Die Hathoren gaben mir diese Transformationsmethode, die in einer sehr hohen Frequenz arbeitet. Und sie sagten auch, dass es jedem Menschen möglich ist, damit zu arbeiten, wenn er denn offen ist für das Neue.

Da sie selbst ein Teil dieser Arbeit sind, ist es für uns Menschen leicht und nicht anstrengend, wenn wir damit arbeiten. Auch das zeichnet die neue Zeit aus: Es darf auch leicht, schnell und ohne Drama gehen! Das dürfen wir alle noch lernen.

Ich begleite Menschen seit über dreißig Jahren auf ihrem Weg und kann aus Erfahrung sagen, dass die Prozesse nicht immer leicht waren. Es gab viele Tränen und Widerstände, und statt Heilung wurde oftmals Salz in alte Wunden gestreut.

Es gab Therapiemethoden, da musste man noch einmal in die emotional belastende Situation gehen, alles noch einmal fühlen und wahrnehmen. Das Trauma wurde dabei oftmals reaktiviert, und der Schmerz von damals wurde wieder erlebt. Dies wurde alles in bester Absicht und mit Aussicht auf Heilung weitergegeben, doch Gott sei Dank geht diese Zeit zu Ende. Wir müssen nicht mehr in die schmerzhaften Situationen gehen, das sind Vorgehensweisen der 3. Dimension. Dies ist jedoch ohne eine Bewertung zu sehen, denn da hatte es seine Berechtigung.

Wenn mir heute jedoch jemand sagt, man müsse Schmerz fühlen, um ihn zu heilen, dann weiß ich, das ist 3D-Realität. In der höheren Frequenz, der 5. bis 7. Energiedichte, in der ich mit Genetic-Healing arbeite, ist dies nicht mehr notwendig. Da geht es um energetische Frequenzen. Hilfreich ist hier natürlich ein erweitertes Bewusstsein, manchmal ist auch ein Verstehen von bestimmten Situationen gut. Das ist jedoch mehr für den Verstand gedacht als für die Seele oder das Herz.

Ich erlebe in der Genetic-Healing-Arbeit immer wieder, dass Menschen Zweifel an der Arbeit bekommen, da sie so leicht und einfach scheint. Gerade Fachleute, die schon seit langem im therapeutischen Bereich arbeiten, meinen, es könne gar nicht so schnell und einfach gehen. Sie stehen sich dann selbst im Wege und verhindern damit eine mögliche, leichte Transformation. Wir Menschen sind manchmal ziemlich kompliziert in unserem Denken und Handeln. Wobei ich zu unser aller Entlastung sagen darf: Es war ja früher auch komplizierter.

In der 3D-Welt ist ein vollkommen anderes Bewusstsein in uns als in der 4. und 5. Dimension. Wir können dort vieles aus der Vogelperspektive sehen oder, wie ich selbst es spüre, mit den Augen der Quelle. Sind wir in einer höheren Frequenz, ist eines ganz klar: Wir sind göttlich-geistige Wesen, die auf dem Planeten Erde eine Erfahrung machen. Wir haben hier die Möglichkeit, Gefühle und Emotionen in all ihrer Vielfalt zu erleben. Das gibt es so wahrscheinlich nicht oft im Universum, das ist einmalig hier. Seit ich das tief in mir fühle, hat sich mein Leben sehr verändert. Ich kann mich und auch meine Mitmenschen jetzt anders erleben. Ich weiß, jeder hat sich bewusst für diese Erfahrung hier entschieden. Jeder hat das im Vollbesitz seiner geistigen Kräfte getan – nicht hier auf der Erde, sondern vor dieser Inkarnation, im großen unendlichen Raum der Quelle, unserer wahren Heimat.

Das mache ich mir auch im Alltag immer wieder bewusst, wenn ich zum Beispiel Menschen erlebe, die mit einem Becher in der Hand um Almosen bitten. In Städten gehört das schon fast zum normalen Straßenbild. Ich bewundere diese Menschen dann für ihren Mut, sich eine solche Erfahrung für dieses Leben gewählt zu haben.

Von daher sind wir auch alle für unser eigenes Leben verantwortlich, auch wenn uns diese Einsicht nicht immer bewusst ist. Wir sind für eine gewisse Zeit hier auf der Erde, und nach einer vorab bestimmten Zeit löst sich unser physischer Körper auf und die Erfahrungen gehen in den Schatz der Seele und von dort in die Quelle über. Wir gehen dann von der Dualität der 3. Dimension in die Einheit einer höheren Dimension. Dieses Vorgehen nennen wir Tod.

In unzähligen Erdenleben haben wir so Erfahrungen gesammelt und unser Spektrum der Erfahrungen erweitert. In unserer Seele sind alle Erlebnisse gespeichert, und sie hat somit eine enorme Weisheit. Von daher ist es für uns von großer Bedeutung, dass wir einen innigen Kontakt mit unserer Seele pflegen. Das weniger Schöne an unseren Erdenreisen ist, dass wir uns in der Regel nicht mehr bewusst an unsere vorherigen Leben und die Erfahrungen, die wir dort gemacht haben, erinnern können. In jedem Erdenleben, für das wir uns entscheiden, wird der Schleier des Vergessens über uns gelegt. Auch dem stimmen wir zu. Das heißt, wir haben zwar alle Informationen in uns, sogar in jeder Zelle unseres Körpers, haben jedoch meist keinen Zugang dazu. Wir fangen sozusagen immer wieder von vorne an.

Nun haben wir in dieser besonderen Zeitepoche die Möglichkeit, mit unserem physischen Körper in die höhere Dimension aufzusteigen. Das heißt, wir müssen nicht sterben und unseren irdischen Körper zurücklassen, so wie das in der Vergangenheit der Fall war. Wir können mit unserem Körper in die 5. Dimension gehen. Diese Erfahrung ist für uns einmalig, doch dazu ist natürlich einiges an Vorarbeit notwendig. Schon seit den 1980er-Jahren werden wir vorbereitet und befinden uns jetzt in einer Art Übergangsphase.

Das neue Zeitalter

Das neue Zeitalter kommt nicht von ungefähr und auch nicht überraschend, im Evolutionsprozess unserer Erde gab es schon immer Phasen der Wandlung. So gab es in der Vergangenheit auch Zeitzyklen, die große Veränderungen brachten. Dieser jetzige Wandlungsprozess soll jedoch für uns Menschen und den Planeten einmalig sein, da er mit der Veränderung unseres Bewusstseins und mit dem Aufstieg in die 5. Dimension einhergeht. Wie schon gesagt, es ist ein erweitertes Bewusstsein, auch darüber, wer wir sind, wo wir herkommen und wo wir hingehen. Es wird sich nicht nur in unserem Miteinander und unseren Beziehungen vieles verändern, auch die Arbeit, unser Schulsystem, wie wir wohnen, unsere Technik, unser Zusammenleben, all das wird sich verändern. Eine neue Gesellschaft wird entstehen. Das ist ein großer Augenblick in der Evolutionsgeschichte unseres Planeten und eine sehr besondere Erfahrung für uns Menschen.

Die Erforschung der Zeitzyklen in unserem Universum und die damit verbundenen Veränderungen waren in vielen Teilen der Erde und in vielen Kulturen schon immer Gegenstand der Wissenschaft. In den indischen Puranas, den heiligen Schriften des Hinduismus, wurden die Zeitzyklen bis in die höchsten Schöpfungsebenen erläutert. Eine Satya-Yuga-Zeitspanne dauert ca. 1.728.000 Menschenjahre. Eine Kali-Yuga ca. 432.000 Jahre, eine Maha-Yuga dauert ca. 4.320.000 Menschenjahre.

Der Zyklus der Präzession zum Beispiel, auch platonisches oder Weltenjahr genannt, dauert ca. 26.000 Jahre. Der griechische Philosoph Platon, Namensgeber dieses Zyklus, sagte, dass die Planeten im Laufe langer Zeiträume wieder in ihrem gemeinsamen Anfangs- und Frühlingspunkt zusammentreffen und dabei einen Weltzyklus vollenden. Dieses Weltenjahr wird wiederum in Zeiträume von 12 Weltenmonaten eingeteilt, zu je ca. 2150 Jahren, was den jeweiligen Sternenbildern unserer westlichen Astrologie entspricht. Wir befinden uns seit über 2000 Jahren im Fische-Zeitalter und bewegen uns auf das Wassermann-Zeitalter zu. Dies dauert zwar noch einige Jahrzehnte, die Vorbereitungen sind jedoch schon in vollem Gange. In der Astrologie misst man mit der Jupiter-Saturn-Konjunktion die Geschichte, um bestimmte Entwicklungen und Veränderungen zu erkennen. Diese historischen Zyklen treten ca. alle 20 Jahre auf und finden 200 Jahre lang im gleichen Element statt. Seit ca. 1802 befanden wir uns im Erdelement, da ging es um Materielles, um Güter und Besitz. Die industrielle Revolution begann in dieser Zeit, Fabriken, Fließbänder und Warenströme überzogen den Globus. Es gab Kämpfe um Ländergrenzen, Besitz und Ressourcen, und der Zeitgeist war geprägt von Mess- und Besitzbarem. Höher, weiter, schneller war die Devise. Ende 2020 sind wir astrologisch in das Luftelement gewechselt, und die Luftenergien werden uns die nächsten 200 Jahre begleiten und sehr beeinflussen.

Die Übergänge der einzelnen Elemente passieren fließend, so sind die letzten Jahrzehnte schon sehr vom Luftelement geprägt. Die rasante technologische Entwicklung, die Veränderungen in unserer Kommunikation, die sozialen Medien, all das sind schon Vorboten der neuen Zeit. Dadurch hat sich schon sehr vieles in unserem Alltag verändert, und das ist erst der Anfang.

Die Hathoren geben mir manchmal einen Einblick in das neue Zeitalter. Wir können es uns jetzt in unseren kühnsten Träumen nicht vorstellen, wie und was sich alles verändern wird und welche Möglichkeiten wir haben. Wir können unser geistig-kreatives Potenzial in eine ganz neue Ausrichtung bringen. Es werden Erfindungen, technische Neuerungen und neue Wohnmöglichkeiten entstehen. Und das Beste: Wir haben es selbst in der Hand. Jeder Einzelne von uns kann aufgrund seiner Schöpferkraft an der Kreation der neuen Erde teilhaben und sie mitgestalten. Es gibt immer wieder Menschen, die Zweifel und Ängste haben, dass es die

Menschheit nicht schafft, dass das Dunkle, das ja auch Teil der Dualität ist, siegen wird. Ich bin jedoch fest davon überzeugt, dass wir es schaffen, ja, wir haben es schon geschafft, zumindest ein Teil der Menschen. Eine große Voraussetzung für den Aufstieg in die 5. Dimension ist, dass wir unsere Frequenz erhöhen und so lange wie möglich immer wieder hochhalten. Die Frequenz wird künftig den Unterschied machen.

Frequenzerhöhung

In der 5. Dimensionen werden wir weiterhin unseren physischen Körper haben. Wir werden weiterhin Beziehungen und Partnerschaften leben, diese werden sich jedoch drastisch von den jetzigen unterscheiden. Sie werden nicht mehr auf Abhängigkeit und gegenseitigen Abmachungen beruhen wie: »Wenn du mich liebst, liebe ich dich auch.« Die Machtspiele zwischen Mann und Frau haben keinen Platz mehr in der neuen Zeit. Es wird ein achtungs- und respektvolles Miteinander sein, geprägt von Wahrhaftigkeit und gegenseitigem Vertrauen.

Wir werden weiterhin arbeiten und Berufe haben, die jedoch mehr Berufung als Job sind. Die Menschen werden vermehrt ihr Herzensbusiness leben. Es wird Netzwerke in allen Bereichen geben, die sich gegenseitig unterstützen und fördern. Neue Erfindungen und technologische Neuerungen werden einen Boom erleben, und auch die Kommunikation wird neue Dimensionen erreichen. Durch die kontinuierliche Steigerung unserer Frequenz wird es unseren Zellen möglich sein, mehr Licht aufzunehmen. Dies bedeutet auch, dass unsere Antennen zur Quelle sich immer mehr intensivieren.

Unsere Wahrnehmung wird sich dadurch sehr verändern, Hellsichtigkeit und Hellfühligkeit werden an der Tagesordnung sein. Wir müssen uns keine Gedanken mehr über den gläsernen Menschen machen, vor dem so viele Menschen Angst haben. Wir sind dann gläsern. Wir können die Menschen wahrnehmen, spüren, was sie denken und fühlen. Deshalb ist Wahrhaftigkeit so wichtig.

Ernährung

Wir werden weiterhin essen und trinken. Dies wird sich jedoch mit der Zeit auch verändern, da die Nahrung nicht nur einen Einfluss auf unseren Körper, sondern auch auf unser gesamtes Energiesystem und somit auf unsere Frequenz hat. Immer mehr Menschen werden sich biologisch und vor allem pflanzlich ernähren, da diese Nahrung feinstofflicher ist. Abgesehen von dem Tierleid, das in dieser Zeit so nicht mehr vorkommen dürfte. Tierische Produkte sind grobstofflicher und dichter in ihrer Energie und halten unseren Körper auf einer grobstofflicheren Ebene und einer dichten Schwingung. Unsere Nahrung enthält so unglaublich viele Informationen, die wir alle mitessen und die in unserem Körper gespeichert werden. Gerade in der jetzigen Übergangsphase sollten wir daher auf unsere Ernährung achten und ein Bewusstsein dafür entwickeln, was wir essen, wo es herkommt, wie es verarbeitet wurde und wie es zubereitet wird. Solange unsere Energie noch nicht kontinuierlich in einer hohen Frequenz schwingt, hat die Nahrung einen sehr großen Einfluss auf uns.

Ich hatte mich von Ende 2012 bis ca. 2017 rein vegan ernährt. Das kam ganz plötzlich, ohne dass ich mich bewusst dafür entschieden hatte. Es war an einem Sonntagabend, da hatte ich in mir plötzlich das Gefühl, nichts Tierisches mehr essen zu können. Am nächsten Tag verschenkte ich alles, was ich noch an tierischen Produkten im Haus hatte, und kaufte mir ein veganes Kochbuch und die dazugehörigen Lebensmittel. Von da an war ich Veganerin. Das war zu der Zeit noch nicht so einfach, in Restaurants zum Beispiel bekam ich kaum ein schmackhaftes veganes Gericht zu essen. Mir wurden dann Pommes angeboten, die seien vegan. Oft wurde ich auch belächelt, wenn ich nach einem veganen Gericht fragte. Zum Glück gab es aber auch Lokale, da kam der Koch oder die Köchin an meinen Tisch und machte mir Vorschläge, was er oder sie mir Veganes zubereiten könnte. Das macht dann den feinen Unterschied in diesem Gewerbe.

Inzwischen hat sich einiges verändert. Viele Lokale haben vegane Gerichte auf der Karte und richtig gute sowie kreative Mahlzeiten. Leider gibt es immer noch sehr wenige Restaurants, die auch biologisches Essen anbieten, gerade auf dem Land oder in kleineren Städten. Auch hier darf noch ein Umdenken stattfinden. Wenn ich in Städten bin, in denen viele junge Menschen leben, besonders Universitätsstädte, sehe ich ein reichhaltigeres Angebot an veganen Geschäften und Speisekarten. Da ist zu spüren, dass die junge Generation vermehrt ein neues Bewusstsein auf unsere Erde bringt.

Irgendwann hat mein Körper dann wieder nach anderem verlangt. Inzwischen esse ich alles, worauf ich Lust habe – und vor allem, wonach mein Körper verlangt. Tierische Produkte sind ganz wenige dabei. Ich hatte mich in dieser veganen Zeit körperlich sehr, sehr wohl gefühlt. Im Jahr 2016 kamen dann auch die Hathoren mit der Genetic-Healing-Methode in mein Leben, und ich hatte oft das Gefühl, dass ich in all den Jahren meiner veganen Ernährung darauf vorbereitet wurde, ein Kanal für kosmische Energien sein zu dürfen. Mein Körper wurde dadurch feinstofflicher und konnte mehr Licht aufnehmen. Das war eine der Voraussetzungen für eine höhere Frequenz und dass ich so einfach und leicht mit der geistigen Welt kommunizieren konnte.

Ich spüre auch jetzt, dass mein Körper-Geist-Seele-System immer wieder Zeiten braucht, in denen ich mich rein pflanzlich ernähre. Ich fühle mich dadurch anders und spüre deutlich, dass sich meine Frequenz verändert. Genauso ist es mit Alkohol. Ich trinke gerne ein Glas Wein oder ein Bier, habe mir jedoch hier angewöhnt, alkoholfreies Bier zu trinken, Wein trinke ich nur ab und zu, da ich die veränderte Frequenz in meinem Körper deutlich spüre. Da ich, was Essen und Trinken angeht, sehr genießen kann, möchte ich nicht ganz darauf verzichten. Es gehört einfach zu unserem Menschsein dazu, und es macht mir Freude, auszugehen, das Essen und Trinken zu genießen und in netter Gesellschaft beisammen zu sein.

Unser gesamtes alltägliches Leben, alles hat einen Einfluss auf unsere Energie. Was wir essen und trinken, was wir denken und fühlen, mit wem wir zusammen sind und wo wir uns aufhalten. Das alles hinterlässt Spuren in unseren Genen und beeinflusst uns dadurch natürlich. Und nicht nur unsere eigene Lebensweise hat darauf einen Einfluss. Auch das Kollektiv prägt uns und unsere Gene in einem Ausmaß, das vielen Menschen gar nicht bewusst ist. Die machtvollen Strukturen des Kollektivs, wie wir damit verbunden sind und welche Auswirkungen sie auf uns haben, all das wird uns mit zunehmendem Bewusstsein immer deutlicher und klarer.

Häufig vorkommende Themen in Familien

Einen sehr großen Einfluss auf unser Leben und auf unser Energielevel haben persönliche Themen. Besonders das, was uns familiär mitgegeben wurde, uns geprägt hat und uns belastet. Die Familienpäckchen, die wir in unserem Rucksack durchs Leben tragen, die Werte, die wir mitbekommen haben, Glaubenssysteme, die Überzeugungen, die Bewertungen und Urteile, das kann ein großer und starker Motor in unserem Leben sein. Meist jedoch sind es auch die Bremsen, die uns immer wieder im Leben zurückhalten, uns Steine in den Weg legen und uns daran hindern, unser ureigenes Inneres zu entdecken und im Leben umzusetzen. Die große Chance dieser Herausforderung ist es, diese Themen zu erlösen und dadurch zu immer mehr Wachstum und Bewusstsein zu kommen. Jede Herausforderung in unserem Leben enthält ein Geschenk, das wir vom Leben bekommen.

Wenn ich mir mein Leben und das Leben der vielen Menschen, die ich schon begleitet habe, ansehe, habe ich oft den Eindruck, wir müssten uns alle erst durch das Dickicht der familiären Hindernisse wühlen, um an das Eigene zu kommen. Die Prägungen, die jeder von uns durch seine Familie mitbekommen hat, sind so machtvoll und nachhaltig wirksam, dass wir oft gar nicht wissen, wer wir in unserem tiefsten Inneren wirklich sind. Wir können häufig gar nicht unterscheiden, was das Eigene und was das von der Familie Übernommene ist. Das kann zu einem großen inneren Zwiespalt führen, zu einer inneren Zerrissenheit und einer ständigen Suche nach sich selbst.

Familiäre Prägungen in unserer DNS

Ich möchte jetzt die wichtigsten Themen und Prägungen vorstellen, die in allen Familien wirken, bei den einen mehr, bei den anderen weniger, und die uns in besonderem Maße prägen und beeinflussen. Diese wirken vielleicht schon seit vielen Generationen und sind fest mit den Werten, Glaubenssystemen und Überzeugungen der Familien verwoben. Sie sind vielleicht auch zu unserem eigenen Lebensmotto geworden. Die einzelnen Themen überschneiden sich in vielen Bereichen und vermischen sich miteinander.

Begrenzungen

Eine der am meisten wirkenden Strukturen in unserem Leben sind die Begrenzungen, die wir uns selbst auferlegen bzw. die uns durch die epigenetischen Prägungen unserer Familie auferlegt werden. Ich hatte eingangs schon von meinen eigenen Begrenzungen berichtet und wie ich zeitweise mit angezogener Handbremse durch mein Leben ging, obwohl ich von mir sagen kann, dass ich sehr selbstreflexiv bin und mich seit Anfang meines Erwachsenenlebens mit meiner Selbstfindung auseinandersetze.

Diese Begrenzungen, von denen ich hier spreche, wirken sehr subtil im Leben und sind auf den ersten Blick gar nicht als Begrenzungen zu erkennen. Es kann sich anfühlen wie ein Teil des Selbst. Da diese Prägungen meist schon das ganze Leben wirksam sind, kennen wir es gar nicht anders. Wir haben keinen Vergleich, wir waren ja schon immer so. Wir glauben – ja, so bin ich eben. Ich bin eben schüchtern, traue mich nicht, meine eigene Meinung mitzuteilen, kann für mich selbst nichts fordern, kann nicht gut und fließend vor Menschen sprechen, vor großen Menschenmengen schon gar nicht, aber das ist vollkommen normal bei mir. Wir glauben, ein wirklich freies Leben, das sich Zeigen in der Öffentlichkeit, das freie und offene Mitteilen der eigenen Meinung sei eben nur wenigen Menschen vorbehalten. Heimlich bewundern wir vielleicht die Menschen, die sich das trauen, die das geschafft haben, was wir für uns selbst niemals in Betracht ziehen.

In meinen Seminaren habe ich immer wieder Teilnehmer, die sehr unter diesen Einschränkungen leiden und ganz zaghaft und leise den Wunsch äußern, das zu verändern. Und das sind nicht nur die Menschen, die als Kind immer wieder die Botschaft bekamen, nichts wert zu sein, nicht gut genug und unfähig, es zu etwas zu bringen. Es sind Menschen, die durchaus mit beiden Beinen im Leben stehen, die vielleicht auch im Beruf erfolgreich sind und harmonische Beziehungen pflegen. Trotzdem fühlen sie sich innerlich in vielen Bereichen des Lebens begrenzt und eingeengt. Dies kann die Körperlichkeit betreffen, die Sexualität, die Stimme, den Selbstausdruck. Es kann sich um beruflichen Erfolg/Misserfolg und Mangel im finanziellen oder emotionalen Bereich handeln. Es kann sich auch in Form von Ängsten zeigen, und auch diese können sehr subtil vorhanden sein und tief in unsere unbewussten Kammern verdrängt sein. Manche Menschen sind Meister in der Vermeidung von bestimmten Situationen, das ist zum Beispiel eine häufig angewandte Strategie, um sich mit bestimmten Themen nicht auseinandersetzen zu müssen.

Es gibt Menschen, die haben Flugangst. Es gibt nun die Möglichkeit, sich diese Angst anzuschauen, in die Tiefe, an die Ursache zu gehen und diese Angst zu heilen. Dann kann man wieder fliegen. Zuerst vielleicht mit einem etwas mulmigen Gefühl, doch danach kann es zu einer großen Freude werden, vor allem auch deshalb, da eine besondere Form der Fortbewegung hinzugekommen ist. Es gibt Länder, die können ohne Flugzeug nicht so einfach erreicht werden. Es ist für diese Menschen daher auch ein großes Stück persönliche Freiheit, die sie dadurch gewonnen haben.

Dann gibt es die andere Strategie: Ich vermeide Flüge. Ich steige in kein Flugzeug. Ich suche mir Reiseziele aus, die ich ohne Flugzeug erreichen kann. Da ist nichts Schlimmes dabei, es ist jedoch eine persönliche Begrenzung. Ich verzichte nicht freiwillig und aus ökologischer Überzeugung auf Flugreisen, sondern weil ich Angst vor dem Fliegen habe. Das macht einen großen Unterschied.

Viele Menschen haben ein sehr negatives Selbstbild von sich selbst, das von außen meist nicht zu erkennen ist. Das sind heimliche Bewertungen und Selbsturteile, das sind Abwertungen des eigenen Wesens bis hin zu destruktiven Neigungen, die mit Selbstbestrafung und Ablehnung des Lebens an sich verbunden sind. Wenn wir in der für uns prägenden Zeit der Zeugung, der Schwangerschaft, der ersten Lebensjahre durch die Mutter und unser Umfeld entsprechende Abwertungen erfahren haben, hinterlassen diese Erlebnisse Spuren in unseren Genen. Es ist eine Zeit, in der wir noch nicht sprechen können und alles ungefiltert in unser Körper-Geist-Seele-System aufgenommen wird. Wir glauben alles, was zu uns und über uns gesagt und auch gedacht wird.

Die Begrenzungen haben jedoch noch viele weitere Aspekte. Sie zeigen sich in allen Lebensbereichen und haben Schnittstellen sowie Auswirkungen auf unsere Beziehungen, Partnerschaften, auf die Sexualität, die Körperlichkeit, den Beruf, unseren Erfolg, auf Geld ... In fast allen Bereichen unseres Lebens können sich diese Begrenzungen zeigen.

Betrachten wir nur einmal die beiden letzten Weltkriege. Wie viele Menschen konnten durch die Kriegssituation nicht die Ausbildung oder das Studium absolvieren, das ihren Wünschen und Talenten entsprochen hätte? Wie viele Frauen mussten ihre Kinder alleine großziehen und waren für die materielle Versorgung der Familie verantwortlich, da die Männer im Krieg geblieben sind? Wie viele Familien haben nahestehende Menschen verloren, ihr Hab und Gut und mussten ihre Heimat verlassen? Sie waren in vielen Lebensbereichen begrenzt und konnten nicht das Potenzial leben, das in ihnen war oder ihren Talenten entsprochen hätte.

Ich bringe wieder ein Beispiel meiner Mutter. Sie war als Kind künstlerisch schon sehr begabt, sie konnte gut singen, Ballett tanzen und interessierte sich für Theater, Opern und Gesang. Als sie ihre Heimat nach dem Krieg in Südmähren verlassen musste, war sie 14 Jahre alt. Nach dem Krieg hatte sie nicht mehr die Möglichkeit, ihre Talente zu leben, auch aus finanziellen Gründen war ihr das nicht mehr möglich. Sie heiratete dann einige Jahre später, bekam sieben Kinder und hat ihr Leben der Familie gewidmet, ohne ihre künstlerischen Talente weiter auszubilden. Gesungen hat sie jedoch weiterhin, ich kann mich gut erinnern, dass sie uns Kindern immer viele Lieder vorgesungen hat. Sie kannte Arien aus Opern und Operetten auswendig, und die sang sie bei der Hausarbeit oder als Einschlaflieder. Wer weiß, was aus ihren Talenten geworden wäre, wenn es keinen Krieg gegeben hätte?

Aus dieser Erfahrung sind natürlich epigenetische Prägungen entstanden, kraftvolle und hindernde Folgen für uns Nachkommen. Die positive Prägung war das Singen. Wir singen alle sehr gerne (auch wenn die Stimme nicht immer gut ausgebildet ist, so wie bei mir). Wenn wir in der Familie zusammenkommen, wird oft gesungen und musiziert. Die meisten meiner Geschwister sind musikalisch sehr talentiert. Gott sei Dank sind unsere epigenetischen Prägungen also nicht immer hinderlich. Viele unserer Gaben und Talente, die von den Ahnen kommen, leben in uns weiter, und das kann ein großer Segen sein.

Es bleibt jedoch auch die Information in unseren Zellen, dass man zwar künstlerische Talente haben kann, diese jedoch nur im familiären oder kleinen Rahmen nutzt, so wie es bei uns jetzt ist. Wenn die noch lebenden Geschwister meiner Mutter und deren Kinder zu Besuch kommen, wird oft bei uns gesungen. Zum Teil sind es alte Lieder, die aus deren Kindertagen stammen, zum Teil auch neuere. Da verbreitet sich eine freudige Stimmung der Verbundenheit, und die Kraft der Familie ist immer wieder zu spüren. Ich sehe dann manchmal innerlich unsere Genschalter vor mir, wie sie sich freudig bewegen und Gene für Freude und Leichtigkeit aktivieren. In solchen Begegnungen können wir viel Gutes für uns und unsere Nachkommen tun, denn auch die freudigen Erlebnisse hinterlassen Spuren in unseren Genen.

Unsere Eltern und Großeltern sind nicht nur emotional, geistig und mental durch ihre Erfahrungen geprägt, es hat eben auch Spuren in den Genen hinterlassen, die weitergegeben wurden. Wir tragen diese Erfahrung als Informationen in unseren Zellen. Obwohl wir in unserem Leben vielleicht nicht begrenzt, sondern gefördert und unterstützt wurden, kann es sein, dass wir uns dennoch begrenzt fühlen, Existenzängste in uns haben und kein Vertrauen in das Leben entwickeln können.

Beispiel: Existenzängste

Ein Beispiel von einer epigenetischen Prägung zeigt das Thema einer Klientin, die aufgrund von Existenzängsten zu mir kam. Sie hatte immer wieder das Gefühl, alles zu verlieren. Sie wachte nachts oft schweißgebadet auf und hatte das Gefühl, sie habe alles verloren und stehe vor dem Nichts. Ihr Leben und sich selbst beschrieb sie als stabil und sicher. Sie und ihr Mann waren beide Beamte, hatten ein gutes finanzielles Auskommen. Sie besaßen ein großes Haus, das schuldenfrei war, konnten sich Reisen und viele Annehmlichkeiten des Lebens leisten und hatten einiges gespart. Materiell ging es ihnen sehr gut. Und dennoch hatte sie immer wieder diese Ängste, die sich manchmal zu Panikattacken ausweiteten. Sie fühlte sich dadurch sehr begrenzt in ihrem Leben und konnte es zunehmend nicht mehr genießen. Sie konnte sich das nicht erklären, da sie in einer fürsorglichen und liebevollen familiären Umgebung aufgewachsen war.

In der Genetic-Healing-Sitzung ging ich zum Ursprung der Thematik. Es zeigte sich ein Ereignis, in dem eine größere Menschenmenge eng zusammensitzend in einem dunklen Keller verbrachte. Es waren angstvolle Schreie zu hören, Sirenen heulten laut auf und der Lärm von Flugzeugen, die Bomben abwarfen, war in dem Bild zu sehen. Es war eine Kriegssituation, ein Bombenangriff, und die Menschen waren in einem Luftschutzkeller. Im Vorgespräch sagte sie bereits, dass ihr Großvater im Krieg gewesen, jedoch unversehrt zurückgekommen sei. Die Großmutter habe den Bombenangriff auf Dresden überlebt, lediglich das Haus, in dem sie wohnte, sei zerstört worden. Mehr Informationen hatte sie nicht.

In der Sitzung zeigte sich die Angst und die Panik der Großmutter, die sie in dem Schutzkeller hatte. Es waren sicher viele Stunden oder gar Tage, die Menschen im Zweiten Weltkrieg in Angst und Panik in Luftschutzkellern verbrachten. Ihre Großmutter hat den Krieg in Dresden zwar überlebt, ihr Haus wurde jedoch völlig zerstört. Sie hatten alles verloren, was sie besaßen. Nach dem Krieg haben sich die Großeltern durch viel Arbeit und Fleiß wieder eine Existenz aufgebaut. Das älteste der drei Kinder der Familie war die Mutter meiner Klientin. Der Familie ging es in allen Bereichen recht gut, sie waren froh, dass sie den Krieg überlebt hatten und mit drei gesunden Kindern eine glückliche Familie waren. Über die schlimmen Kriegsereignisse wurde nicht mehr viel gesprochen.

Die Erlebnisse der Großmutter während des Krieges hinterließen jedoch Spuren in ihren Genen, und diese Signatur wurde weitergegeben, hatte jedoch bei ihren eigenen Kindern nur wenig Auswirkungen. Eines der drei Kinder hatte Klaustrophobie, konnte sich nicht in kleinen Räumen oder auch nicht in Fahrstühlen aufhalten. Auch das kann die Folge der traumatischen Erfahrungen in dem engen Luftschutzkeller sein, die epigenetisch weitergegeben wurden. Erst in der nächsten Generation, bei der Enkelin, zeigten sich die Auswirkungen der traumatischen Erfahrungen der Großmutter als Ängste und Panikattacken.

In der Genetic-Healing-Sitzung konnte das Ursprungsereignis transformiert werden und die Genschalter dieser Erfahrung konnten deaktiviert werden. Dann konnte ich bei der Klientin auch ihre bisherigen Erfahrungen transformieren und die entsprechenden Gene energetisch deaktivieren. Sie hatte in ihrem Leben sehr viele einschränkende Erfahrungen aufgrund ihrer über viele Jahre anhaltenden Ängste gemacht, die auch bei ihr wiederum Gene eingeschaltet hatten.

Ich habe dann noch die Gene für Urvertrauen aktiviert, da sie das Gefühl hatte, dass das Urvertrauen bei ihr nicht ausgeprägt war. Nun konnte sie, frei von dem Leid der Vergangenheit, ihr Leben mit all den Annehmlichkeiten genießen und zudem noch in die kraftvolle Energie des Urvertrauens gehen.

Beispiel: Angst vor Wasser

Eine weitere epigenetische Prägung, die das Leben sehr begrenzt hat, ist die eines jungen Mannes, der im Alter von 25 Jahren plötzlich Angst hatte, schwimmen zu gehen. In einem Schwimmbad machte es ihm nicht viel aus, im Meer oder einem See bekam er jedoch panische Angst mit Herzrasen, die Luft blieb ihm weg und ihm wurde schwindelig. Er bekam Todesangst und hatte das Gefühl zu ertrinken, obwohl er seit seiner Kindheit ein guter Schwimmer war. Er konnte dann nicht mehr klar denken und handeln, war in einem Schockzustand, wie eingefroren, so sagte er.

In der Genetic-Healing-Sitzung zeigte sich, dass ein Vorfahre von ihm in einem U-Boot ums Leben gekommen ist. Das war das Ursprungsereignis. Ich konnte den Todeskampf dieses Mannes wahrnehmen, und es waren die gleichen Symptome, die der Klient hatte. Nach der Transformation im Ursprung und der Genschalter-Deaktivierung war er sofort erleichtert. Er wusste nichts von einem Ahnen, der im U-Boot ums Leben gekommen war, wollte sich jedoch erkundigen und in der Familie nachfragen, ob es dieses Schicksal gab. Nach einigen Wochen und intensiven Recherchen seinerseits rief er mich an und sagte mir, dass ein Bruder seines Großvaters im Zweiten Weltkrieg in einem U-Boot ums Leben gekommen war. An die genauen Umstände konnten sich die Verwandten nicht mehr erinnern, sie sagten ihm jedoch, dass sein Vater, der nicht mehr lebte, den Namen dieses früh verstorbenen Onkels bekommen hatte. Und der zweite Name meines Klienten ist ebenfalls Albert. So hieß sein Großonkel, auf dessen Schicksal er mit seinen Symptomen aufmerksam machte.

Es hat sich auch gezeigt, dass der Großonkel Albert im Schockzustand dieser traumatischen Erfahrung verstorben ist. Stirbt jemand sehr plötzlich, durch einen Unfall, einen Mord oder eine sonstige traumatische Erfahrung, so bleibt dieser Schock im energetischen Feld als Information vorhanden. Diese Signatur wird, genau wie die Todesumstände, oft an die nachfolgenden Generationen weitergegeben. Die Nachkommen fühlen dann manchmal die gleichen Symptome wie die Person, die dieses Ereignis tatsächlich erlebt hat. Manchmal wird das über viele Generationen weitergegeben.

Das hat meiner Meinung nach nur einen wichtigen Grund: Die traumatischen Erlebnisse wollen geheilt werden. Sie sind energetisch noch im Feld der Sippe und warten auf Erlösung.

Zeigt sich in einer Genetic-Healing-Sitzung, dass im Ursprungsereignis noch ein Schockzustand ist, muss dieser zuerst gelöst werden. Dazu sind die Schock- und Traumapunkte sehr hilfreich. Hält man diese beiden Stellen am Körper für einige Minuten, lösen sich Schockzustände energetisch ganz leicht auf.

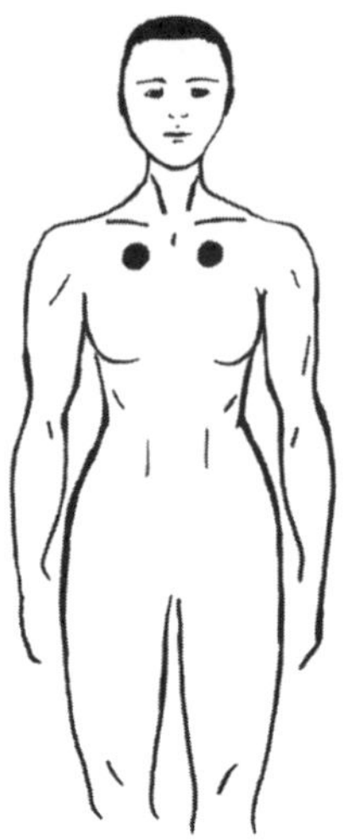

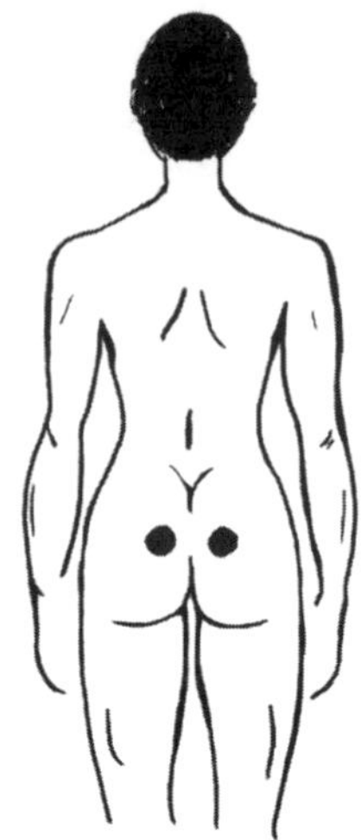

Die beiden Punkte zwischen der zweiten und dritten Rippe mit gespreizten Daumen- und Mittelfinger einer Hand halten und gleichzeitig mit der anderen Hand und gespreiztem Daumen- und Mittelfinger die Punkte neben der Pofalte halten. Ausführliche Anleitung unter www.niemann-methode.de ©Maria Niemann

Die Begrenzung, nicht mehr im Meer zu schwimmen, konnte so für den jungen Mann gut gelöst werden. Es gibt viele Menschen, die Angst vor und im Wasser, vor allem in tiefen Gewässern, haben. Manche Menschen nehmen sich dieser Themen an und klären sie, andere umgehen das Thema und vermeiden es, ins Wasser zu gehen. Ich kenne viele Menschen, die noch nie im Meer geschwommen sind, obwohl sie am Meer Urlaub machen. Sie laufen am Strand entlang und gehen höchstens bis zu den Knien ins Wasser, alles andere ist zu gefährlich für sie. Auch das ist eine große Begrenzung, für die es gute und einfache Lösungen gibt.

Manche Begrenzungen sind schon so normal für uns Menschen, dass wir sie gar nicht mehr als solche wahrnehmen. All die vielen kleinen Dinge im Leben, die wir vermeiden, erkennen wir gar nicht als Begrenzungen, es sind jedoch oft welche. Sie nehmen uns in der Summe viel von unserer Freiheit und Selbstbestimmtheit.

Begrenzung durch Vermeidung

Es ist eine gute Übung, im Alltag einmal darauf zu achten, was wir so alles aufgrund innerer Begrenzungen vermeiden bzw. umgehen. Das können Gespräche sein, die geführt werden sollten, oder überhaupt der Kontakt mit Menschen, denen man aus dem Wege geht. Das kann ein Lob sein, das wir nicht annehmen wollen, oder auch, dass wir selbst andere nicht loben können. Vielleicht können wir Komplimente nicht aussprechen, wenn uns etwas oder jemand sehr gut gefällt. Es kann auch sein, dass wir über uns selbst nicht sprechen können, da wir uns selbst nicht so wichtig nehmen oder nehmen dürfen und sich dadurch eine Selbstablehnung entwickelt hat. Auch das war und ist immer noch in Familien üblich: »Sei bescheiden, nimm dich nicht so wichtig. Wer bist du schon, dass du dich so in den Mittelpunkt stellen willst?« Wir hören dann lieber anderen zu, als selbst unsere Meinung zu äußern oder das zu sagen, was uns wirklich auf dem Herzen liegt. Auch da begrenzen wir uns.

In vielen Familien wurde es als egoistisch betrachtet, wenn jemand über sich selbst erzählt hat. Besonders wenn es sich um schöne Erlebnisse oder Erfolge handelte, wurden manche als Angeber bezeichnet. Das hatte über Generationen hinweg für uns alle entsprechende Folgen, vor allem aber hat es die Menschen selbst kleingehalten. Wir nehmen ja alles für bare Münze, was uns als Kind gesagt wird. Wir glauben alles und erleben oft von Kindheit an eine Abwertung unserer Persönlichkeit, sei es in der Familie, im

Kindergarten, in der Schule oder generell in der Gesellschaft. Das wahre Wesen eines Kindes wurde nicht gesehen. So mussten wir als Kinder Strategien entwickeln, um mit diesem großen emotionalen Schmerz umzugehen.

Eine Strategie ist, dass wir unser Herz verschließen, um den Schmerz nicht zu fühlen. Wir sind dann von unseren Gefühlen abgetrennt und lassen nichts mehr an uns heran. Wir haben eine Schutzmauer, einen Panzer um uns gelegt, und mit diesem gehen wir dann fortan durch unser Leben. Da kann uns dann nichts mehr so schnell erschüttern. Wir bekommen ein dickes Fell und freuen uns noch darüber, dass uns niemand verletzen kann. Diese Strategien werden dann beibehalten, bis ins Erwachsenenalter.

So haben wir eine Gesellschaft von emotional verletzten Männern und Frauen, eine Gesellschaft, die ihr wahres Wesen selbst nicht kennt und mit verschlossenen Herzen immer noch das glaubt, was Autoritäten verkünden. Diese Struktur der verschlossenen Herzen ist eines der zentralen Themen unserer Zeit.

Unser Selbstausdruck, unser Selbstwert und unser Selbstbewusstsein leiden noch enorm unter diesen Erfahrungen. Letztendlich ist es die Selbstliebe, die dadurch nicht gelebt werden kann und worunter viele Menschen heute leiden. Die meisten von uns haben das nicht gelernt in ihrem Leben. Wo gab es Eltern, die dem Kind von klein auf sagten, wie wichtig die Selbstliebe ist? Und vor allem – wer von uns bekam das vorgelebt? Selbstliebe wurde und wird noch immer mit Egoismus verwechselt. Ich werde oft von Klienten gefragt, wie denn Selbstliebe gehe. Für viele Menschen ist das nur ein Wort, sie wissen nicht, was Selbstliebe ist. Dieses Gefühl, sich selbst nahe zu sein, sich zu lieben, wertzuschätzen, dankbar für das eigene Leben zu sein, all das hat mit Selbstliebe zu tun. Das ist kein Egotrip, sondern ein warmes, liebevolles Gefühl, das aus dem Herzen kommt. Das dürfen wir wieder lernen. Denn, wie steht es in der Bibel: Liebe deinen Nächsten wie dich selbst ...

Das ist nicht nur ein familiäres, sondern ein kollektives Thema. Das sind Strukturen, die hatten in den früheren Generationen wenig Bedeutung, da ging es nicht um Selbstfindung und Selbstausdruck oder Selbstliebe, da war das Überleben wichtig. Dass man ein Dach über dem Kopf hatte und zu essen für die Familie. Das hatte Priorität. So haben wir epigenetisch eben auch diese Prägungen mitbekommen. In jeder unserer 60 bis 100 Billionen Zellen ist diese Information gespeichert. Kein Wunder, dass es uns so schwerfällt, neue Ausrichtungen in unser Leben zu bringen.

Es gibt heute noch viele Menschen, für die die materielle Versorgung das Wichtigste im Leben ist. Dafür verbiegen sie sich, verleugnen sich selbst und tun Dinge, die sie letztendlich krank machen. Ich kenne viele Frauen, die aus Angst, die materielle Versorgung durch den Ehemann zu verlieren, in Partnerschaften bleiben, die unglücklich, unwürdig und lieblos sind. Auch das können Prägungen aus dem eigenen System sein. Unsere weiblichen Ahninnen hatten meist keine andere Möglichkeit, keine Chance auf ein eigenständiges Leben. Sie waren abhängig von dem Ehemann und mussten in ihren Beziehungen bleiben, damit sie materiell und auch gesellschaftlich abgesichert waren. Heute haben wir jedoch andere Möglichkeiten, und keine Frau muss aus finanziellen Gründen in einer toxischen Beziehung bleiben.

Während ich das Kapitel schreibe, bin ich gerade mit meinem Glücksmobil in Kroatien und stehe am Meer. Auf dem Campingplatz ist noch wenig Betrieb. Bei meinem Abendspaziergang spricht mich eine Frau an und fragt, ob wir uns einmal kurz unterhalten könnten. Sie war mir gleich sympathisch, und so sagte ich, wir könnten uns auf einen der kleinen Felsen am Meer setzen und uns in der Abendsonne unterhalten. Sie war sichtlich erfreut, und so setzten wir uns. Gleich zu Beginn bedankte sie sich bei mir, dass ich ihr keinen Korb gegeben hatte. Sie sagte mir, dass sie mich schon seit einiger Zeit von ihrem Stellplatz aus beobachtet hatte und gerne mit mir ins Gespräch kommen wollte. Das hatte sie sich jedes Mal vorgenommen, wenn sie mich sah oder an meinem Stellplatz vorbeikam. Sie traute sich jedoch nicht, mich anzusprechen, sie hatte Angst vor meiner Reaktion. Eben, dass ich ihr einen Korb geben würde.

Wir unterhielten uns dann eine ganze Weile, und sie sagte mir, dass ihre größte Angst die der Zurückweisung sei. Sie habe dies als Kind oft erlebt. Wenn sie Bedürfnisse hatte, sich alleine fühlte, traurig war oder in einer sonstigen emotionalen Not, war niemand für sie da. Ihr wurde dann gesagt, sie solle sich nicht so anstellen. Sie zog sich immer mehr in sich zurück und teilte ihre Bedürfnisse nicht mehr mit. Sie machte alles mit sich selbst aus. Beziehungen knüpfen, mit Menschen in Kontakt kommen, über sich selbst reden, das alles hatte keinen Raum in ihrer Kindheit. Sie hatten einen großen Bauernhof, und da war Arbeit das Einzige, was zählte. So ist sie groß geworden. Kaum war sie von der Schule zu Hause, musste sie auf dem Feld mitarbeiten, die Tiere füttern oder sonstige Arbeiten übernehmen. Arbeiten war anerkannt in ihrer Familie. Auch Frauen mussten viel arbeiten, dann waren sie etwas wert. Das war bisher ihr Lebensinhalt gewesen.

Nun war sie im Ruhestand, es ging ihr finanziell recht gut und sie fing an, ihr Leben zu reflektieren. Sie sagte mir, wie schwer es ihr falle, ihr derzeitiges Leben wirklich zu genießen. Sie hatte es nie gelernt und immer wieder ein schlechtes Gewissen, wenn sie mit ihrem Wohnwagen unterwegs war und es sich gut gehen ließ.

Sie wollte von mir wissen, wie ich das mache und wie ich das gelernt habe. Ich strahle immer und sehe so glücklich aus. Ich erzählte ihr daraufhin viel von meinem Leben und dass mir das Glücklichsein auch nicht in die Wiege gelegt wurde. Wir verabredeten uns dann noch für den nächsten Tag, gingen zusammen essen und erzählten uns unsere Lebensgeschichten. Mir fällt es recht leicht, über mich und mein Leben zu sprechen. Ihr fiel es nicht leicht. Sie sagte mir, dass sie noch nie in ihrem Leben so offen über sich und ihre Gefühle gesprochen habe. Ja, dass sie oft selbst gar nicht wisse, was sie in bestimmten Situationen fühle. In ihrer Familie wurde nicht über Gefühle gesprochen, das war ein ungeschriebenes Gesetz. Sie spürte in unseren Gesprächen, wie neu und ungewohnt es für sie war, über sich und ihre Gefühle zu sprechen – und vor allem, ihre Gefühle erst einmal wahrzunehmen.

Sie sagte mehrmals: »Wenn das meine Mutter wüsste, was ich dir alles erzähle …« Wobei ihre Mutter schon lange nicht mehr lebte. Meine neue Bekannte war jedoch immer noch in Loyalität den Gesetzen der Familie verbunden. Nicht über sich selbst und die eigenen Gefühle sprechen und vor allem auch nicht über das, was in der Familie passierte, daran mussten sich alle halten. Das waren Familiengeheimnisse, wie sie sagte.

Viele Menschen können ihre Gefühle nicht ausdrücken, zum Beispiel wenn sie ungerecht behandelt oder beschimpft werden. Sie sind dann wie blockiert und schlucken die aufkommenden Gefühle herunter, aber diese setzen sich im physischen und in unseren Energiekörpern fest.

Eine Schulmedizinerin sagte mir einmal, dass sie beobachtet habe, dass viele ihrer Patienten im Alter von ca. 40 Jahren anfingen, körperliche Beschwerden zu bekommen. Sie meinte, dass sich spätestens dann bei vielen Menschen die ungelösten emotionalen Themen im Körper zeigen, die sich körperlich manifestiert haben. Sie belasten Körper, Geist und Seele und suchen sich irgendwo ein Ventil. Auf körperlicher Ebene zeigen sich dann die inneren Themen, die energetisch schon lange in uns waren, um endlich gehört und gesehen zu werden. Und viele unserer ungelösten Themen sind eben Begrenzungen, die in der Ahnenlinie oft schon seit Generationen vorhanden sind und uns früher oder später zu schaffen machen.

Betrachten wir diese generationsübergreifenden begrenzenden Prägungen aus einer höheren Warte, so zeigen sich nochmals andere Aspekte. Ich werde oft gefragt, welchen Sinn es hat, dass die Themen an die Nachkommen weitergegeben werden.

Einmal ist es so, dass unsere Seele hier auf der Erde Erfahrungen machen möchte. Denn hier ist es möglich, die gesamte emotionale Bandbreite von Gefühlen zu erfahren, vom höchsten Glück bis zum größten Schmerz. Diese Erfahrung ist auf unserem Planeten möglich. Unsere Seele unterscheidet nicht nach guten und schlechten Erfahrungen, ob es Glück oder Schmerz ist, ihr geht es darum, möglichst viele Erfahrungen zu machen. Sie bewertet die Erfahrungen auch nicht. Die Seele ist in ihrer Essenz verbunden mit der Quelle und somit mit der Einheit, da gibt es die Dualität, wie wir sie hier kennen, nicht. Die Trennung in Gut und Böse, Hell und Dunkel, Schwarz und Weiß gibt es dort nicht. Es gibt weder Bewertungen noch Urteile. Da ist die Einheit, Verbundenheit, alles gleich, gleich-gültig. Das ist für uns oft schwer zu verstehen, da wir hier mit menschlichen Maßstäben messen. Das ist wichtig zu unterscheiden. Wenn wir hier auf der Erde die Erfahrung als Opfer machen, zum Beispiel dass uns jemand Gewalt antut, dann ist das für uns eine schlimme und traumatische Erfahrung. Wir leiden dann, der oder die Täter werden gesucht und zur Rechenschaft gezogen. Das sind die Gesetze hier auf der Erde, es ist menschlich und auch nicht zu beschönigen.

Auf Seelenebene jedoch sieht das ganz anders aus. Täter und Opfer kennen sich meist gut, auch schon aus anderen Leben, und vereinbaren bereits vor der Inkarnation diese Erfahrung. Es ist ein großer Liebesdienst, den sich Täter und Opfer gegenseitig erweisen, wenn sie sich für eine solche Erfahrung entscheiden. Besonders schmerzhafte Erfahrungen machen wir immer mit nahestehenden Seelen. Davon wissen wir jedoch nichts mehr, wenn wir hier auf der Erde mit diesem Erlebnis in Kontakt kommen. Da gelten dann die irdischen Gesetze mit all dem, was das Menschsein ausmacht. Das menschliche Leid wird durch den spirituellen Aspekt meist nicht gemildert, es kann jedoch eine weitere Sichtweise sein, mit der wir unser Leben und die Ereignisse betrachten. Wir verstehen dann manche Situationen etwas besser.

Nun ist es so, dass die irdischen Erfahrungen hier auf der Erde mit den irdischen Möglichkeiten ausgeglichen werden müssen. Das Gesetz von Ursache und Wirkung ist eines der geistigen Gesetze.

Begrenzung durch Schuldgefühle

Wenn ich etwas verursache, hat es eine Wirkung. Es wird auch Karma genannt. Oftmals ist es so, dass Menschen etwas verursachen, es jedoch in dem Leben nicht ausgleichen können oder wollen. Dann bleibt diese Rechnung offen. Sie schwirrt jedoch nicht irgendwo im Universum herum und löst sich irgendwann auf! Sie bleibt als Information energetisch vorhanden, einmal bei den beteiligten Personen und auch im Familiensystem. Hat ein Familienmitglied sich zum Beispiel auf Kosten eines anderen bereichert, so wird das im System als Schuld gewertet. Wird diese Schuld nicht ausgeglichen, so geht sie als Information an die nächste Generation weiter.

In der Familie wird diese Schuld gespürt, oft sehr subtil. Ein Nachkomme fühlt sich vielleicht immer wieder schuldig in seinem Leben, obwohl er sich nie etwas hat zuschulden kommen lassen. Es kann sein, dass eine Schuld über viele Generationen als Information immer wieder weitergegeben wird. Dies kann sich in jeder Generation anders zeigen, es kann sein, dass jemand auch Opfer einer Benachteiligung wird oder finanziell betrogen wird. Es kann auch sein, dass die Nachkommen Schulden haben, um so auf die Schuld aufmerksam zu machen. Nach einigen Generationen weiß meist niemand mehr, was das ursprüngliche Ereignis war. Die Wirkung ist jedoch vorhanden und bleibt im System – so lange, bis dieses Thema ans Licht kommt und erlöst wird.

Meiner Erfahrung nach zeigen sich solche Dynamiken oft in Erbstreitigkeiten, besonders wenn es viel zu erben gab oder gibt. Da ist es wichtig, das Ursprungsereignis ausfindig zu machen sowie zu transformieren und vor allem die Gene auszuschalten, die zu der Problematik geführt haben. Über die epigenetischen Prägungen werden diese Informationen immer wieder an die nächste Generation weitergegeben. Bis sich dann ein Nachkomme der Thematik annimmt.

Meist ist es dann so, dass eine solche Person in einer sehr großen inneren und äußeren Not ist und nach Hilfe sucht. In der heutigen Zeit gibt es Gott sei Dank alternative Methoden, besonders natürlich Genetic-Healing, um an solche alten Erfahrungen zu kommen und sie zu transformieren. Bis jetzt kenne ich keine andere Methode, mit der es möglich ist, so umfassend zu transformieren und Gene direkt energetisch auszuschalten, so dass sie nicht mehr an die nachfolgenden Generationen weitergegeben werden.

Wenn ich solche Lebensgeschichten höre, denke ich immer an den Spruch in der Bibel: »Ich bin der HERR, ich habe Geduld, meine Güte ist grenzenlos. Ich vergebe Schuld und Auflehnung; aber ich lasse nicht alles ungestraft hingehen. Wenn sich jemand gegen mich wendet, dann bestrafe ich dafür noch seine Kinder und Enkel bis in die dritte und vierte Generation.« (2. Mose 20,5; 2. Mose 34,6) Die Töchter tragen die Schuld natürlich auch. Und aus meiner langjährigen Arbeit, besonders auch mit Familienaufstellungen, kann ich sagen, dass die Schuld noch viel länger getragen wird – eben so lange, bis sie erlöst wird.

Begrenzungen in Beziehungen

Weitere Begrenzungen im Leben von uns Menschen können die Begrenzungen in Beziehungen sein, die wir als Information von unseren Ahnen in unseren Zellen tragen und die in unserem Leben weiterwirken. In den vergangenen Generationen wurden Beziehungen und Partnerschaften anders gelebt als heute, es ging vordergründig nicht darum, die große Liebe zu leben, sondern darum, dass Frauen von den Männern materiell versorgt wurden. Dabei gab es auch Liebesehen, und sicherlich hat sich so manch eine Frau, wie auch noch heute, den gut aussehenden, liebevollen und wohlhabenden Prinzen gewünscht, der sie auf dem weißen Ross abholt und sie auf Händen über die Schwelle seines Schlosses trägt.

Das kommt durchaus auch immer wieder vor – und nicht nur in Märchen. Der Großteil der Bevölkerung jedoch lebte in Zweckverbindungen. Die Männer waren für die materielle Versorgung zuständig, die Frauen bekamen Kinder, versorgten Haus und Hof und waren dem Mann zu Diensten. Die Kinder mussten oft schon in jungen Jahren auf dem Feld mithelfen, und das Leben war geprägt von Arbeit und Verzicht. Die Beziehungen waren letztendlich Geschäfte: Du gibst mir etwas, dafür bekommst du etwas.

Da das Patriarchat in den vergangenen Jahrtausenden noch sehr viel ausgeprägter gelebt wurde als heute, hatten die Frauen und Kinder meist nicht viel zu sagen, sondern wurden als billige Arbeitskräfte ge- und benutzt. Das hatte natürlich eine enorme Auswirkung auf die Partnerschaft.

Diese Erfahrungen der Männer und die der Frauen sind als Informationen noch in unseren Zellen gespeichert. Selbst wenn wir heute in einer modernen und aufgeschlosseneren Gesellschaft leben als noch vor 200 Jahren, sind diese Strukturen noch in vielen Beziehungen spürbar. Selbst junge, gut ausgebildete Frauen sehen es manchmal noch als selbstverständlich an, dass sie für Kinder, Küche und Haushalt zuständig sind und der Mann für den Außenbereich. Diese Rollenverteilung hat sich in Jahrhunderten manifestiert, und es braucht viele neue Erfahrungen, um dies zu verändern. Es gibt inzwischen schon viele junge Väter, die sich liebevoll um ihre Kinder kümmern, die Elternzeit nehmen und sich für die Erziehung der Kinder sowie für Haushalt und Kochen genauso zuständig sowie verantwortlich fühlen wie die Frau.

Und dennoch gibt es viele Männer und Frauen, die unter den übernommenen Mustern ihrer Ahnen leiden, ja, die noch nicht einmal wissen, dass es epigenetische Prägungen ihrer Ahnen sind. Für viele Menschen ist das vollkommen normal. Wir haben meist keine genauen Informationen über die Lebensweisen und Lebensbedingungen unserer Vorfahren. Wer einen Stammbaum hat, der neben den Geburts-, Heirats- und Todesdaten noch weitere Informationen hat, kann das eher nachvollziehen und sich ein Bild von seinen Ahnen machen.

Ein Beispiel aus der Praxis: Begrenzung in der Familiengründung

Ich hatte einen Klienten, Anfang 50, der sich sehnlichst eine Ehe wünschte. Es war seit jungen Jahren sein Wunsch, zu heiraten und eine Familie zu gründen. Er hatte von seinem Vater einen Hof mit Wiesen und Grundstücken geerbt. Das hatte er jedoch inzwischen verpachtet und arbeitete in einem anderen Bereich. Er hatte viele Talente, besonders im künstlerischen Bereich fühlte er sich sehr wohl. Doch da er von seinem Vater immer wieder hörte, dass dies eine brotlose Kunst sei, hatte er diesen tiefen Herzenswunsch schon als Jugendlicher aufgegeben.

Er hatte seit seinem jungen Erwachsenenleben immer wieder Beziehungen, die jedoch nie länger als fünf Jahre hielten. Er hatte ernste Absichten, wollte heiraten und eine Familie gründen. Das sagte er seinen Partnerinnen auch immer sehr klar. Als dann die Zeit der gemeinsamen Lebensplanung kam und beide von Heirat sprachen, bekam er aus ihm unbekannten Gründen Angst und Panikgefühle. Er hatte dann immer das Gefühl, es sei nicht die Richtige und er mache einen großen Fehler. Das führte immer wieder zu Trennungen und großem Schmerz auf beiden Seiten. Es plagten ihn monatelang zwar immer wieder Zweifel, er konnte sich jedoch nicht ganz für eine Frau entscheiden und heiraten.

In der Genetic-Healing-Sitzung zeigte sich das Ursprungsereignis seiner Partnerschaftsdynamik. Sein Ahne, einige Generationen zurück, musste eine Frau heiraten, die auf den Hof und entsprechend zur Familie passte. An erster Stelle stand die Sicherung der Existenz. Es musste eine Bauerstochter mit Vermögen sein, sie musste kräftig sein und hart arbeiten können. Die Eltern der beiden arrangierten damals die Hochzeit, und die jungen Leute mussten gehorchen. Das war zu dieser Zeit in den meisten Familien so üblich.

Dieser Ahne hatte jedoch vor seiner Eheschließung die große Liebe gefunden. Eine Frau, die seine musisch-künstlerische Begabung teilte, die jedoch für die schwere Arbeit auf einem Bauernhof nicht geeignet war. Seine Eltern erlaubten diese Verbindung nicht, und er musste sich von ihr trennen. Diese Trennung hinterließ einen großen

Schmerz in seinem Herzen, der nie heilen konnte. Zudem konnte er seine künstlerischen Talente nicht leben, da ihm die Arbeit auf dem Hof keine Zeit dafür ließ. Durch diese Ereignisse und die Lebensumstände, die sich daraus ergaben, wurden in seiner DNS bestimmte Gene aktiviert, und diese wurden an die nachfolgenden Generationen weitergegeben. Mit der Zeit ergaben sich daraus Glaubenssysteme und daraus dann Überzeugungen. Die Struktur, die sich aus dieser Erfahrung entwickelt hatte, lautete: »Ich muss auf die große Liebe verzichten, kann meine Talente nicht leben. Und ich muss eine Frau heiraten, die auf den Hof passt und die hart arbeiten kann.«

Mein Klient war in einem großen inneren Konflikt. Einerseits wollte er sein eigenes Leben leben, mit all seinen Wünschen, die er schon seit seiner Jugend hatte. Andererseits war er seiner Familie in großer Loyalität verbunden und hatte den Hof übernommen wie all seine Vorfahren vor ihm. In ihm wirkte unbewusst die Überzeugung: »Die große Liebe darf ich nicht heiraten, die Frau muss vor allem auf den Hof passen.« Laut seiner Aussage ging es seinen Eltern, den Großeltern und den Urgroßeltern ähnlich, was die Wahl der Partnerin betraf.

Nachdem das Ursprungsereignis in der zurückliegenden Generation transformiert und die entsprechenden Gene ausgeschaltet waren, fühlte sich der Klient sehr entspannt und frei von den unsichtbaren Bürden, die er zeitlebens gespürt, jedoch nie hatte einordnen können. Seine innere, oft begrenzte Lebenshaltung, zum Beispiel auch das schlechte Gewissen, das er hatte, wenn er sich in eine Frau verliebte, die nicht in das Glaubenssystem der Sippe passte, konnte er nun zum ersten Mal verstehen.

Wir haben heute völlig andere Lebensbedingungen, und dennoch wirken auf unbewusster Ebene die alten Muster und Programme unserer Vorfahren und können uns an unserem Lebensglück hindern. Wenn emotional prägende Ereignisse in unserem Leben stattfinden, hinterlassen sie immer Spuren in den Genen. Diese wirken dann, prägen uns und oft scheint es keinen Ausweg aus einer solchen Situation zu geben. Durch die systemische Aufstellungsarbeit ist in den letzten Jahrzehnten in vielen Teilen der Bevölkerung ein Bewusstsein für familiäre Verstrickungen entstanden sowie ein Wissen darüber, wie eng wir mit unserer Familiengeschichte verbunden sind. Unabhängig davon, ob wir die Geschichte kennen oder ob wir in Kontakt mit der Familie sind, in der Tiefe sind wir miteinander verbunden und manchmal eben auch gebunden. Umso wichtiger ist es, sich immer wieder Klarheit darüber zu verschaffen, wenn wir an Grenzen kommen. Sind es unsere eigenen oder sind es übernommene Muster, die wir leben. Bei den übernommenen Mustern müssen wir tiefer schauen und bis zum Ursprungsereignis gehen. Sonst kommen die Themen immer wieder in ähnlicher Form und machen auf sich aufmerksam.

Diese Lebensgeschichte ist kein Einzelfall. Wie oft leben wir das Leben unserer Eltern, Großeltern oder unserer Ahnen. Nun ist es so, dass nicht nur traumatische Ereignisse und erlebtes Unrecht unserer Vorfahren in Ausgleich und Heilung gebracht werden wollen, auch manifestierte Strukturen, Glaubenssysteme und Überzeugungen, die sich in den Generationen manifestiert haben, wollen erkannt und aufgelöst werden, sofern sie uns in unserem eigenen Leben behindern und blockieren. In jeder Generation kommen neue Informationen, Ereignisse und eigene Lebensbedingungen dazu. Es gibt empirische Studien, die besagen, dass 10% Neues in einer Generation hinzukommt und 10 % Altes gelöst wird. In den jetzigen Zeiten der großen Transformation wird es wahrscheinlich sehr viel mehr sein, da in der gesamten Gesellschaft ein großer Wandel geschieht. Wir gehen in ein neues Zeitalter, da können bestimmte Erfahrungen nicht wiederholt werden, zumindest nicht von den Menschen, die bewusst mit in das neue Zeitalter gehen. Deshalb ist es auch so wichtig, dass viel Altes abgeschlossen wird. Es schließen sich Zeitfenster für bestimmte Erfahrungen und damit auch Zeitlinien für viele Menschen. Wir selbst können uns entscheiden, in welcher Zeitlinie wir unsere Erfahrungen machen wollen. Das wird in der kommenden Zeit noch ein wichtiges Thema werden.

Armuts- und Mangelbewusstsein

Ein Thema, an das wir alle angebunden sind und das in vielen Zeitepochen gelebt wurde und immer noch gelebt wird, ist das Armuts- und Mangelbewusstsein. Das ist in der neuen Zeit, wenn wir in einer höheren Frequenz schwingen, nicht mehr möglich. Da will Fülle in allen Bereichen gefühlt und gelebt werden. Deshalb wollen die entsprechenden Prägungen, die seit Jahrtausenden wirken, gesehen und erlöst werden. Von daher dürfen wir auch diese Erfahrungen heilen, unsere eigenen, die in unserer Ahnenreihe und auch die kollektiven Anbindungen. Wir leben heute in einer Zeit, in der, zumindest in unserem westlichen Kulturkreis, niemand mehr hungern und frieren muss. Das soziale Netz ist über die meisten von uns gespannt und ermöglicht uns einen Wohnraum, Schulbildung, ärztliche Versorgung und Nahrungsmittel. Wenn auch manchmal nur in spärlichem Umfang, so hat doch jeder die Möglichkeit, ein Dach über dem Kopf zu haben, und muss nicht verhungern.

Wie zeigt sich ein Armuts- und Mangelbewusstsein?

Das Armuts- und Mangelbewusstsein, das sich in unserer Gesellschaft manifestiert hat, zeigt sich auf vielfältige Weise. Unter anderem in dem Gefühl, immer zu kurz zu kommen. Die anderen sind gesund, haben einen liebevollen Partner oder eine liebevolle Partnerin, einen erfüllenden Beruf, ein finanzielles Polster, können sich Reisen und schöne Dinge leisten. Und was habe ich? Ich bin vom Leben benachteiligt, bekomme das, was übrig bleibt, muss um alles kämpfen. Kurzum: Ich komme immer zu kurz, bin immer Opfer, obwohl ich doch alles tue, fleißig bin, gut zu mir und meinen Mitmenschen.

Das Armuts- und Mangelbewusstsein kann sich in allen Bereichen des Lebens zeigen. Im finanziellen Bereich ist es sehr offensichtlich und beschränkt uns dahingehend, dass wir uns im materiellen Bereich wenig leisten und schon gar nicht genießen können, unabhängig davon, ob wir die finanziellen Mittel haben oder nicht. Jede Ausgabe hinterlässt ein schlechtes Gewissen. Es gibt Menschen, die finanziell sehr wohlhabend sind und sich nicht trauen, im Restaurant ein teures Essen zu bestellen. Sie haben ein schlechtes Gewissen, wenn sie sich einmal etwas Gutes gönnen. Die gespeicherten Zellinformationen hindern an einem Leben in Fülle und Wohlstand. Gerade jetzt in der Zeit der großen Veränderung ist es aber so wichtig, sich immer wieder bewusst zu machen, wie gut es uns geht, und dankbar dafür zu sein.

Das Armuts- und Mangelbewusstsein hat in vielen Familien eine lange Tradition. Es gibt Familien, die über viele Generationen sehr arm waren und Mangel in allen Lebensbereichen erlebt haben. Mangel nicht nur im materiellen Bereich, sondern auch Mangel im emotionalen Bereich, Mangel an Selbstausdruck, Liebe, Mangel an Gefühlen, gegenseitiger Zuwendung. Aus diesem Mangel ist das Armutsbewusstsein entstanden und aus dem Armutsbewusstsein der Mangel.

In den vergangenen Jahrhunderten gab es tatsächlich viel Armut und Mangel. Wie viele Menschen sind verhungert, wurden beraubt und haben ihre gesamte Existenz verloren. Es gab und gibt immer Kriege in der Welt, doch auch in Friedenszeiten gibt es unzählige Menschen, die gerade das Nötigste zum Überleben haben. Diese Erfahrungen sind als Informationen in unseren Zellen gespeichert.

Und nicht nur das: Auf unserer Erde sterben täglich mehrere tausend Menschen an Hunger. Nochmal: Täglich sterben mehrere tausend Menschen an Hunger. Weil sie nichts zu essen haben. Auch diese Information wirkt in uns und prägt uns und unser Leben. Auch wenn wir in der westlichen Welt jährlich Millionen Tonnen an Lebensmitteln vernichten, sterben Tausende an Hunger. Allein dieser Gedanke löst ein inneres Entsetzen in mir aus.

Das Armuts- und Mangelbewusstsein wirkt jedoch nicht nur im materiellen Bereich. Mangel an Glück, an Liebe, an Gesundheit, an erfüllenden Beziehungen, an Selbstbewusstsein und Wohlstand im gesamten Lebensbereich ist bei vielen Menschen an der Tagesordnung.

Man könnte meinen, dass in einem der reichsten Länder der Erde ein Bewusstsein für Fülle und Wohlstand vorhanden ist. Es ist kaum zu glauben, dass in unserer westlichen Wohlstandsgesellschaft ein Großteil der Bevölkerung ein tief verwurzeltes Armutsbewusstsein in sich trägt, das meist unbewusst ist und sich im Leben auf oft subtile Art und Weise zeigt.

Vielleicht kennen Sie auch die innere Stimme, die sich zu Wort meldet, wenn Sie in einem Geschäft etwas Besonderes sehen, das einen sehr hohen Preis hat? »Das kann ich mir nicht leisten, das ist zu teuer.« Obwohl Sie das Geld dafür in der Tasche haben. Dann kommen innere Instanzen, die sich noch lautstarker melden: »Das steht dir nicht zu, das hast du nicht verdient.« Und schon macht sich das Armuts- und Mangelbewusstsein im ganzen Körper breit.

Das sind unbewusste Prozesse, die sich manifestiert haben und auf Knopfdruck ablaufen. Und das passiert unabhängig von der finanziellen Lage, das kann auch bei einem gut gefüllten Bankkonto der Fall sein. Wer denkt da schon an epigenetische Prägungen, also dass wir in jeder unserer Zellen Gene haben, die genau darauf programmiert sind, und dass diese Programmierungen eine ungeheure Macht auf uns ausüben und letztlich verhindern, dass wir uns ein erfülltes Leben erlauben?

Mangelbewusstsein in einer Familie: Beispiel aus der Praxis

Eine Familie klagt zum Beispiel darüber, dass sie immer in Geldnot ist und das Gefühl von Fülle gar nicht kennt. Sie fahren mit der 5-köpfigen Familie einmal im Jahr in Urlaub, haben ein kleines Haus mit Garten, beide, Mann und Frau, verdienen und haben ein recht gutes Einkommen. Sie haben zwei Autos in der Garage, einen netten Freundeskreis, gehen regelmäßig aus und machen Ausflüge mit der Familie. Sie können sich also einiges leisten, haben jedoch immer das Gefühl, als lebten sie über ihre Verhältnisse.

Bei jeder Geldausgabe kommt das schlechte Gewissen: »Das kann ich mir eigentlich gar nicht leisten!« So ist bei allen Unternehmungen nicht die Freude und das Erfülltsein zu spüren, sondern ein schlechtes Gewissen und immer wieder ein Armuts- und Mangelgefühl. Obwohl es in der Realität ganz anders ist, glauben sie, dass sie arm sind, sich nicht von Herzen etwas leisten und gönnen können – und dieser Glaube ist zu einer festen Überzeugung geworden. Sie sprechen das immer wieder aus, oft nebenbei, wenn die Kinder irgendwelche Wünsche äußern: »Das können wir uns nicht leisten, das ist zu teuer, wir müssen hart arbeiten für unser Geld …« Die Kinder können gar nicht anders, als den Eltern zu glauben: Wir sind arm und leben im Mangel, und für die schönen Dinge im Leben muss man hart arbeiten.

Dies geht in das Glaubenssystem der Kinder über, und sie werden später einmal ähnliche Überzeugungen haben wie ihre Eltern, zusätzlich zu den epigenetischen Prägungen, die bereits in ihnen angelegt sind. Da die entsprechenden Gene für ein Armuts- und Mangelbewusstsein eingeschaltet sind und die Kinder in diesem Umfeld aufgewachsen sind, werden sich diese Überzeugungen auch in ihrem Leben manifestieren. Sie werden viel und schwer arbeiten müssen, um sich dann mit einem schlechten Gewissen ein bisschen was zu erlauben.

Glaubenssysteme, die dadurch entstehen, sind:

- Ich/wir sind arm.
- Das können wir uns nicht leisten.
- Ich bin nichts wert.
- Ich bin minderwertig.

- Ich bekomme immer zu wenig.
- Für mich ist nichts übrig.
- Das steht mir nicht zu.
- Ich darf mir nichts gönnen.
- Das ist zu teuer.
- Schuldgefühle bei jeder Geldausgabe

Mangelbewusstsein durch die beiden Weltkriege

Ein Grund für das weit verbreitete Armuts- und Mangelbewusstsein in unserer westlichen Gesellschaft sind sicher die beiden Weltkriege, in der Millionen Menschen Hunger litten, Hab und Gut sowie Familienmitglieder und Freunde verloren. Zudem mussten allein im Zweiten Weltkrieg fast zwölf Millionen Deutsche ihre Heimat verlassen. Diese Menschen besaßen oft nur noch das, was sie am Leibe trugen. Die zum Teil wochenlange Flucht war gefährlich, und viele Frauen und junge Mädchen wurden Opfer von Missbrauch, Demütigung und Vergewaltigung. Angst und Furcht gruben sich in das Bewusstsein der Menschen ein. In der neuen Heimat angekommen, wurden sie oft gegen den Widerstand der Eigentümer in private Haushalte oder auf Bauernhöfen einquartiert. Für die Einheimischen wurden die Neuankömmlinge im Nachkriegsdeutschland auch als Nahrungskonkurrenten angesehen, und in den wenigsten Fällen wurden sie willkommen geheißen. Sie hatten ihre Heimat verloren, waren besitzlos und ausgegrenzt. Viele verzweifelten daran und hatten nach Jahrzehnten noch die Sehnsucht nach ihrer Heimat im Herzen.

Über zehn Millionen Angehörige der Wehrmacht und der Waffen-SS gerieten in Kriegsgefangenschaft, davon über sieben Millionen auf Seiten der Westmächte und über drei Millionen auf Seiten der Sowjetunion. Die Verpflegung in den Lagern war katastrophal, und viele Kriegsgefangene starben an Hunger oder Krankheiten. Die Frauen, Kinder, Ältere und Flüchtlinge, die im zerbombten Deutschland und den beteiligten Ländern den Krieg überlebt hatten, waren von Hunger und Kälte betroffen, und viele hatten kein Dach über dem Kopf. Überall fehlte es an Wasser, Kleidung, Essen und Heizmitteln. Diese Armut und der Mangel betrafen fast die gesamte Bevölkerung in den kriegszerstörten Gebieten. Dass diese Ereignisse und die damit verbundenen Lebensumstände einen massiven Einfluss auf die Gene haben, ist inzwischen hinreichend erforscht.

Im Krieg und in den Jahren danach waren die Lebensmittel knapp, viele Häuser und Wohnungen zerstört, es herrschte Hunger und die ständige Angst um Leben und Tod. In die Seelen der Menschen schlich sich ein intensives Gefühl der Armut, des Mangels, der Scham, der Angst und Hilflosigkeit. Dieses Erleben hinterließ tiefe Spuren in der Persönlichkeit der Menschen und hat auch weiterhin Auswirkungen auf die Millionen Nachkommen der Kriegsgeneration, die diese traumatischen Erlebnisse ihrer Eltern und Großeltern noch heute in ihren Genen tragen, obwohl sie vielleicht die Lebensgeschichten ihrer Vorfahren gar nicht kennen. All diese Prägungen halten uns von einem Leben in der Fülle ab.

In unzähligen Familienaufstellungen der letzten Jahrzehnte zeigten sich die Kriegsfolgen bei den Betroffenen und deren Nachkommen. Das Mangel- und Armutsbewusstsein, das sich in den Kriegs- und Nachkriegsjahren bei den Menschen manifestiert hatte, wurde über die Gene an die nächsten Generationen weitergegeben. Die Kinder wurden zu Sparsamkeit erzogen, was ja generell nichts Schlechtes ist. Es war jedoch immer der Mangel zu spüren, der damit verbunden war. Ein gesunder Selbstwert von vielen Überlebenden war durch die schlimmen Erfahrungen nicht mehr zu spüren. Den Berichten der Flüchtlinge und Vertriebenen ist zu entnehmen, dass sie sich selbst als minderwertig betrachteten. Sie waren entwurzelt, was vielen die Identität nahm.

Die Folgen von Heimatverlust

Die Familie meiner Mutter musste aus Südmähren flüchten, und ich weiß aus vielen Erzählungen meiner Verwandten, wie groß die Trauer um die verlorene Heimat war. Als die politische Situation sich verbesserte, organisierte meine Tante über Jahre hinweg Busreisen in die alte Heimat. So konnten auch die Kinder und Enkelkinder die Heimat ihrer Vorfahren kennenlernen und eine Verbindung zu ihren Wurzeln aufbauen. Es waren berührende Erlebnisse, nach Jahrzehnten die Orte ihrer Kindheit aufzusuchen und sie ihren Nachkommen zu zeigen. Ich konnte mehrmals an solchen Reisen teilnehmen und spürte die Verbundenheit meiner Vorfahren zu ihrer Heimat. Meine Mutter zeigte mir die Stätten ihrer Kindheit, das Haus, in dem sie geboren worden war, ihre Schule, wo sie zum Schwimmen gewesen war, wo sie sich mit ihren Freundinnen getroffen hatte. Auch das Haus ihrer Großeltern war noch erhalten, und die jetzigen Besitzer luden uns ein, uns dort umzuschauen. Überhaupt waren alle jetzigen Bewohner sehr freundlich, und einige beherrschten die deutsche Sprache. Das Rad der Geschichte wurde in diesen Reisen zurückgedreht. Die Männer und Frauen, die als Kinder und Jugendliche ihre

Heimat verlassen mussten, wurden wieder jung und diese Zeit wurde so lebendig, als lägen nicht Jahrzehnte dazwischen.

Diese Erfahrungen haben epigenetische Spuren in den Genen hinterlassen. Sie haben Millionen von Menschen geprägt, und viele Ängste und existenzielle Bedrohungen belasten noch heute die Betroffenen sowie deren Nachkommen. Es gibt jedoch nicht nur negative Folgen dieser Zeitepoche, sondern auch sehr angenehme und verbindende. Eine Folge, die sich in unserer Sippe dadurch manifestiert hat, ist, dass es in meiner Familie eine große Verbundenheit gibt, die bis heute anhält. Seit mehreren Jahrzehnten gibt es ein großes Verwandtschaftstreffen meiner mütterlichen Linie, zu dem oft mehr als 100 Verwandte aus vielen Ländern anreisen, um sich wiederzusehen, auszutauschen, den Kontakt zu halten und von früher zu erzählen. Auch die jüngere Generation zeigt immer wieder großes Interesse, dabei zu sein und diesen Tag mitzugestalten. Es sind inzwischen vier Generationen dabei, und es ist immer wieder ein Erlebnis, die neu dazugekommenen kennenzulernen und die Verbundenheit mit allen zu spüren. Eine Tante von mir hat einen Stammbaum erstellt, der über viele Meter reicht und an die Wand gepinnt wird. Die dazugekommenen Partner oder Partnerinnen der Familie sowie die neugeborenen Kinder bekommen jeweils ein Blatt an dem familiären Ast des Baumes, mit Namen und Datum. So weiß man, in welchem Teil der Familie es Nachwuchs gab oder auch eine Heirat, eine Trennung oder einen Todesfall. Dieser große Baum mit seinen kräftigen Ästen und vielen Blättern gibt uns das Gefühl, zu einer großen und starken Familie zu gehören. Das ist eine sehr kraftvolle epigenetische Prägung, die wir erfahren und auch an unsere Nachkommen weitergeben dürfen.

In diesem Teil meiner Familie gab es über viele Generationen tragische Ereignisse, und es ist gut zu spüren, dass aus dem Leid der Vergangenheit eine große Kraft und Verbundenheit bei den Betroffenen und den Nachkommen entstehen kann. Auch das hinterlässt natürlich Spuren in unser aller Gene.

Flucht und Vertreibung

Ich selbst hatte viele Jahrzehnte auf Reisen nach einer gewissen Zeit immer Heimweh, und ich konnte mir das nie erklären. Es war unabhängig vom Ort und unabhängig davon, mit wem ich auf Reisen war. Selbst wenn ich mit meinen Liebsten unterwegs war, überkam mich nach spätestens acht Tagen Heimweh, so dass ich meinen Urlaub oft früher abbrach. Irgendwann kam ich auf die Idee, dieses Phänomen aufzustellen. Und siehe da, ich war in diesem Heimweh mit der Sippe meiner mütterlichen Linie verbunden, die in ihren Zellen immer noch die Sehnsucht nach der Heimat trug. Immer wenn ich weg von zu Hause war, kam nach einiger Zeit dieses Heimweh. Befand ich mich dann auf dem Heimweg, spürte ich eine riesige Freude in mir und war glücklich, endlich wieder zu Hause zu sein – und das selbst dann, wenn ich nur eine Woche verreist war. Es hielt mich zwar nicht vom Reisen generell ab, hinderte mich jedoch daran, einen längeren Urlaubsaufenthalt zu planen. Ich musste sogar eine längere USA-Reise nach drei Wochen abbrechen und meinen Heimflug vorverlegen.

Das war der Zeitpunkt, an dem ich dieses Thema über eine Aufstellung für mich klären konnte. Nach dieser Aufstellung hatte sich das vollkommen verändert: Ich freue mich zwar immer noch auf zu Hause, komme aber seitdem nicht mehr früher aus dem Urlaub zurück, kann wochenlang bleiben und genieße jeden Tag. Gerade in den letzten Jahren, in denen ich mit meinem Glücksmobil oft viele Wochen unterwegs war, wäre das mit der alten Prägung gar nicht möglich gewesen.

Eine weitere Folge, die ich in vielen Aufstellungen erlebt habe, ist, dass das Herz der Menschen noch so sehr mit der verlorenen Heimat verbunden ist, dass ein großer Teil ihrer Präsenz noch dort gebunden ist.

Das Herz blieb zurück: Beispiel

Eine Klientin kam mit dem Anliegen, dass sie keine Verbindung zu ihrer Mutter spüre, ihren Geschwistern gehe es ähnlich. Das sei schon ihr ganzes Leben so. Die Mutter bezeichnete sie als kalt, sie könne keine Liebe geben. Sie hatte die Kinder zwar gut versorgt, hatte sich darum gekümmert, dass es immer etwas zu essen gab und die Wohnung sauber war. Liebe und Zuwendung bekamen sie jedoch nicht. Sie sagte, sie könne sich nicht erinnern, dass die Mutter sie jemals in den Arm genommen hätte. Auch jetzt als erwachsene Frauen könnten sie sich nicht umarmen. Sie habe oft das Gefühl, die Mutter lebe in einer anderen Welt.

Diese zeigte sich dann auch in der Genetic-Healing-Arbeit. Die Familie der Mutter der Klientin musste aus dem Sudetenland flüchten, als sie knapp 16 Jahre alt war. Sie hatte dort einen Freund, der jedoch im Krieg ums Leben kam, was sie erst Jahre später erfuhr.

Die Familie kam über verschiedene Flüchtlingslager in das Rhein-Main-Gebiet. Die Großeltern der Klientin bauten sich dort eine Existenz auf und konnten sich gut in die neue Heimat integrieren. Die Tochter jedoch (die Mutter der Klientin) blieb mit dem Herzen in der verlorenen Heimat bei dem geliebten Freund, der als junger Soldat ums Leben gekommen war. Sie hat zwar hier im Westen sehr jung geheiratet und Kinder bekommen, doch ein Teil ihrer Persönlichkeit blieb in der alten Heimat. Die Klientin meinte, ihre Mutter habe ein Doppelleben geführt. Die meiste Zeit ihres Lebens fühlte sie ihre Mutter als nicht anwesend und wenig präsent.

In der Genetic-Healing-Arbeit zeigte sich, dass im Herzen der Mutter ein großer Schmerz über den Verlust der Heimat und den Tod des Freundes war. Eine große Trauer durchzog ihr ganzes Wesen. Viele Jahrzehnte nach diesem Ereignis fand sie noch keinen Frieden mit dem erlebten Schicksal. Das zeigt wieder einmal, dass die Zeit keine Wunden heilt.

Die Klientin bekam so ein Verständnis für das Verhalten ihrer Mutter und konnte tiefes Mitgefühl ihr gegenüber spüren. Sie beschrieb das so, dass sich in ihr eine Herzenstür geöffnet hatte, aus der viel Liebe zur Mutter fließen konnte.

Das war eine Voraussetzung für die nächsten Schritte, in der jetzt das innere Kind der Klientin seine Würdigung bekam. Denn sie hatte, ebenso wie ihre Mutter, unter den Folgen zu leiden.

Glaubenssysteme, die dadurch entstanden sind:

- innere Sehnsucht
- nicht ankommen können
- Sehnsucht, nach Hause zu kommen
- Angst vor Verlust
- Angst, die Existenz zu verlieren

- alles aufheben, horten
- nicht loslassen können
- ein verschlossenes Herz
- Trauer
- innere Unruhe
- keinen Frieden finden
- sich nicht mehr auf Beziehungen einlassen

Kollektives Kriegstrauma

Neben den persönlichen Schicksalen, die unsere Vorfahren in den Kriegen erlebten, wirkt auch immer noch ein kollektives Trauma, mit dem wir verbunden sind. Es hat die ganze Generation verändert, und die Kriegserfahrung mit all den traumatischen Erlebnissen hat auch kollektive Narben in unseren Genen hinterlassen.

Die Männer kamen verändert zurück und hatten es oft schwer, sich wieder in das Familienleben zu integrieren. Die Frauen, besonders in den Städten, waren in den Kriegsjahren den Bombenangriffen ausgesetzt und mussten sich und ihre Kinder schützen. Die Lebensmittel waren knapp, es herrschte Hunger und die ständige Angst um Leben und Tod zeichnete Frauen, Kinder und die Älteren.

In die Seelen der Menschen schlich sich ein intensives Gefühl der Armut, des Mangels, der Scham, der Angst und Hilflosigkeit. Dieses Erleben hinterließ tiefe Spuren in der Persönlichkeit der Menschen. Der Krieg hatte alle verändert – nicht nur alle, die ihn aktiv miterlebt haben, sondern er hatte und hat auch große Auswirkungen auf die Millionen Nachkommen der Kriegsgeneration, die diese traumatischen Erlebnisse über die Erfahrungen ihrer Eltern noch heute in ihren Genen tragen.

Eine groß angelegte Studie über Kriegstraumata bei Kriegskindern, die 2009 von Michael Ermann, dem Leiter der Abteilung Psychotherapie der Psychiatrischen Universitätsklinik München, durchgeführt wurde, ergab unter anderem, dass Kriegskinder weit häufiger unter psychischen Störungen wie Ängsten, Depressionen und psychosomatischen Beschwerden leiden als der Bevölkerungsdurchschnitt. Rund ein Viertel der befragten Kriegskinder zeigte sich stark eingeschränkt in der psychosozialen Lebensqualität. Jeder Zehnte war traumatisiert oder hatte deutliche traumatische Beschwerden, zum Beispiel wiederkehrende, sich aufdrängende Kriegserinnerungen, Angstzustände, Depressionen und psychosomatische Beschwerden wie Krämpfe, Herzrasen und chronische Schmerzen. Oft nehmen diese Symptome im Alter zu oder werden im Ruhestand stärker wahrgenommen als zuvor in der Zeit der Berufstätigkeit. Manche Menschen erleben eine Traumareaktivierung: Sie erinnern sich plötzlich wieder an früheres Leid, was zum Beispiel durch Fernsehbilder von jeweils aktuellen Kriegen oder auch durch Filme ausgelöst werden kann. Dann wird die Vergangenheit wieder lebendig.

Eine ganze Generation hat jahrzehntelang funktioniert, den Schutt weggeräumt, den Wiederaufbau vorangetrieben, Häuser gebaut, eine neue Heimat gefunden, denn die Nachkommen sollten es einmal besser haben. Die Gefühle mussten unterdrückt werden, die traumatischen Erlebnisse wollten sie so schnell wie möglich vergessen. Mit Disziplin und Durchhaltevermögen war das auch lange Zeit möglich. Dass dies jedoch Folgen für die Nachkommen hatte und die traumatischen Erfahrungen sich nicht einfach in Luft aufgelöst haben, zeigt die transgenerationale Weitergabe. Die Kinder und Enkel der Kriegskinder tragen die Erfahrungen als Informationen in ihren Zellen und reagieren mit Symptomen, für die es im therapeutischen Bereich lange Zeit keine Erklärung gab.

Aus der Holocaustforschung ist bekannt, dass zum Beispiel die Tochter einer Auschwitz-Überlebenden bei den Autoabgasen im morgendlichen Berufsverkehr Erstickungsanfälle bekommt – Nachwirkungen der mütterlichen Berichte vom Vergasen. Kinder von Holocaustüberlebenden spürten als Erste, dass sie keine normale Kindheit hatten, auch wenn die Eltern häufig durch hilfloses Schweigen jede kindliche Frage erstickten. Verlassenheitsängste, Identitätsprobleme und das Fehlen positiver Kindheitserinnerungen waren die Folgen, zwischen Eltern und Kindern entstanden Fremdheit oder Rollenumkehr.

Ganz abgesehen davon, dass viele dieser Kinder oft gar keine Eltern mehr hatten, waren sie doch aus Angst vor Verfolgung unter falschem Namen, bei fremden Menschen oder in Klöstern abgegeben oder in Kellern versteckt worden. Die Nachkommen haben oft ein verunsichertes Lebensgefühl, Ängste, Panikattacken, was sich häufig in den nachkommenden Generationen zeigt. Und das ist kein auf jüdische Kinder beschränktes Phänomen.

Auch die Nachkommen der »Tätergeneration« leiden unter dem Schweigen ihrer Eltern und Großeltern oder unter deren immerwährenden Erinnerungen. Viele Eltern funktionierten in den

Nachkriegsjahren, und so glaubten viele, dass die Folgen endgültig überwunden seien. Die Gesellschaft wollte nicht sehen, dass Mütter sich depressiv abkapselten, dass die Erziehung ohne die Väter folgenreich war und die Kinder in einem emotionalen Mangel groß wurden. Gerade in den ersten Lebensjahren eines Kindes, in denen Urvertrauen aufgebaut wird, graben sich belastende Eltern-Kind-Beziehungen tief ins Unbewusste, wo sie dann weiter wirken bis ins hohe Alter. Konnte Urvertrauen nicht entwickelt werden, wurde es auch nicht an die Nachkommen weitergegeben. Auch da zeigen sich die Unsicherheiten noch nach mehreren Generationen. In meiner Arbeit erlebe ich bei vielen Menschen ein fehlendes Urvertrauen, da fehlt ein Potenzial, so dass wir nicht leben, sondern allenfalls überleben.

Wenn man sich vorstellt, welch großer Schmerz sich da in den Menschen ausgebreitet hat, bekommen wir als Nachkommen eine ganz kleine Ahnung von den Folgen des Krieges.

Doch sind die traumatischen Erfahrungen des letzten Krieges auch nur eine Perle einer langen Kette von Ereignissen, die wir als Menschen in unseren vielen irdischen Inkarnationen erleben. Wenn ich mich in einer Genetic-Healing-Sitzung mit dem Ursprungsereignis eines bestimmten Themas verbinde, tauche ich in eine Welt der unendlichen menschlichen Erfahrungen ein. Es ist sehr bewegend und rührt mich immer wieder, wenn ich spüre, wie mutig wir uns als Menschen immer wieder in die irdischen Erfahrungen begeben, obwohl wir schon so viele schlimme und schmerzhafte Erfahrungen gemacht haben.

Epigenetische Prägungen in der Familiengeschichte

Kinder sind eine Last – Beispiel: nicht präsente Mutter

Die Folgen einer solchen epigenetischen Prägung beschreibt die Erfahrung einer Klientin. Die Frau Anfang 60 kommt mit dem Anliegen einer permanenten Unzufriedenheit zu mir. Diese bezieht sich auf den Bereich Partnerschaft und Sexualität, den eigenen Körper, sie ist übergewichtig und kann keine Liebe für sich selbst spüren. Sie verurteilt sich in allen Lebenssituationen selbst und merkt, dass diese destruktive Art sie krank und einsam macht.

Sie ist die Älteste von vier Kindern. Die Eltern waren bei ihrer Geburt Anfang 20, und die Schwangerschaft war der Grund für die Eheschließung ihrer Eltern. Sie wohnten im Haus ihrer Großeltern mütterlicherseits, und sie hatte eine innige Verbindung zu den Großeltern, die sich liebevoll um sie kümmerten, wann immer es ihnen möglich war. Als sie gut ein Jahr alt war, kam ihr Bruder zur Welt und vier Jahre später der nächste Bruder. Als sie sechs Jahre alt war, kam noch eine Schwester hinzu. An ihre Kindheit hat sie wenig Erinnerungen. Sie berichtet, dass sie sich schon sehr früh für ihre jüngeren Geschwister verantwortlich fühlte und von den Nachbarn als »Ersatzmutter« bezeichnet wurde. Von ihr als Älteste wurde Mithilfe im Haushalt und eine Entlastung der Mutter erwartet. Deshalb war sie oft im Widerstand ihrer Mutter gegenüber, was immer wieder zu Auseinandersetzungen mit ihr führte. In der Schule war sie ein ruhiges, eher zurückhaltendes Kind. Die Eltern kümmerten sich wenig um die schulischen Belange der Kinder, ebenso wurde die Berufswahl dem Zufall überlassen. Sie konnte dann im Erwachsenenalter durch eigene Initiative, mit viel Fleiß und Disziplin einiges erreichen und zusammen mit ihrem Mann eine erfolgreiche Selbstständigkeit aufbauen.

In der Genetic-Healing-Sitzung zeigte sich, dass sich hinter der Unzufriedenheit ein tief verborgenes Trauma verbarg, das sie, trotz ihrer vielfältigen Persönlichkeitsentwicklung, in all den Jahren noch nie wahrgenommen hatte. Es war angstbesetzt und fühlte sich an, als ob ein Deckel darauf wäre, der auch dort bleiben sollte. Es war ein großer Schmerz zu spüren, der all die Jahrzehnte in ihrem Inneren gehütet worden war. Sie war jedoch bereit, diesen Deckel zu lüften, um endlich ein erfülltes Leben in der Partnerschaft und in eigener innerer Zufriedenheit führen zu können.

In einer Genetic-Healing-Sitzung verbinde ich mich immer mit dem Ursprungsereignis der Thematik. Das oder die Ereignisse, die irgendwann einmal dafür verantwortlich waren, dass sich diese Struktur oder das Problem entwickelt hat. Das kann in diesem Leben sein oder auch schon einige Generationen zurückliegen und epigenetisch weitervererbt worden sein. Selbst wenn es Ereignisse oder Traumata im eigenen Leben gab, kann der Ursprung der Thematik in einer früheren Generation liegen. Es können auch Bezugspunkte zu früheren Leben bestehen. Oftmals treffen alle Bereiche zu.

In diesem Fall zeigte sich das Ursprungsereignis sofort in der mütterlichen Linie: Es gab in dieser Ahnenlinie über viele Generationen hinweg eine Struktur, dass Kinder eine Last sind. Sie wurden nicht als Bereicherung und Ergänzung einer glücklichen Familie gesehen, sondern als Belastung und vor allem beim ersten Kind als Grund, weshalb man eine Ehe eingehen musste mit einem Partner, der nicht den Vorstellungen entsprach und zu dem wenig emotionale Bindung oder gar Liebe bestand. Diese »Muss-Ehen« gab es, soweit sie sich zurückerinnern konnte. Der Beginn war in der siebten Generation in einer Zeit, in der eine Liebesheirat eher selten war.

Diese Ahnin, bei der die Struktur begann, wurde verheiratet, bekam viele Kinder und war sehr unglücklich in ihrer Ehe. Der Partner sicherlich auch. In dieser Generation entstanden die ersten epigenetischen Prägungen, die bei der Klientin heute noch wirken. Das erste Kind, eine Tochter, bekam schon die Unzufriedenheit der Mutter als Embryo mit. Es war nicht gewollt, und diese Erfahrung hinterließ epigenetische Marker in den Genen. Die Mutter machte das Kind für ihre Lebenssituation verantwortlich, und das bekam es viele Jahre lang zu spüren. Daraus entstanden Schuldgefühle bei dem Kind, da es sich verantwortlich für die unglückliche Situation der Mutter fühlte. Diese Erfahrungen hinterließen ebenfalls Spuren in den Genen der Tochter.

Sie hatte keine Mutterliebe erfahren, und so waren die Gene, die für Liebe, Vertrauen und Bindung zuständig sind, nicht aktiv, wohingegen die Gene für Mangel und Minderwertigkeit eingeschaltet waren. So entstand eine Persönlichkeit, die geprägt war von den gemachten Erfahrungen.

All diese Informationen kamen aus dem morphischen Feld der Ahnenlinie und zeigten sich in Form von Bildern und emotionalen Wahrnehmungen. Die so geprägte Tochter hatte dann, als sie selbst Mutter wurde, diese epigenetischen Prägungen an ihre Kinder weitergegeben. Vielleicht waren die äußeren Umstände etwas anders und von Zuneigung und Wohlwollen geprägt, sie selbst hatte jedoch die ausgeschalteten Liebesgene und konnte auch nur diese epigenetische Signatur weitergeben.

Meine Arbeit in der Genetic-Healing-Sitzung besteht jetzt darin, diese Ursprungssituation zu erkennen und zu transformieren. Und – das Wichtigste dabei – die Gene, die sich damals eingeschaltet haben, auszuschalten. Dies ist ein energetischer Vorgang, der in einem Ritual durchgeführt wird. Diese Veränderung ist im Ahnenfeld sofort zu spüren und hat eine heilende Wirkung auf die gesamte Generation. Nun kann die transformierte Information durch alle Ahnenreihen bis in die Gegenwart gebracht werden. Auch dies ist ein Ritual. Das transformierte Energiefeld wird nun jeder Generation zur Verfügung gestellt, das heißt, es obliegt jeder Generation, ob sie von der Transformation profitieren möchte. So ist mit dieser Arbeit Heilung für viele Generationen möglich.

Die Klientin selbst spürte auch sofort eine große Erleichterung, da die bei ihr wirkende Struktur bereits in der Ahnenlinie transformiert war. Nun folgte der nächste Schritt, die eigenen epigenetischen Prägungen zu erkennen und diese zu transformieren. Dazu ging ich energetisch in das jetzige Leben. Da zeigte sich sofort das Bild der Mutter, als sie mit der Klientin schwanger war. Wie in einem Film wurden mir jetzt verschiedene Situationen der Schwangerschaft gezeigt, die traumatische Folgen für das Kind hatten. Sie signalisierte mir sofort, dass dieser Deckel jetzt geöffnet werden darf, sie konnte die Situation und die eigenen Gefühle von damals sehr deutlich spüren.

Auch sie war ein unerwünschtes Kind und spürte die Ablehnung der Mutter, nicht gewollt zu sein. Das zeigte sich schon im Mutterleib, und sie konnte zum ersten Mal den Schmerz spüren, der damit verbunden war. Sie erlebte die Geburt und die Zeit danach und konnte wahrnehmen, dass es durchaus Familienmitglieder gab, die sich über ihre Geburt freuten. Dazu zählte ihr Vater und die Großeltern aus beiden Linien.

In der Sitzung konnte sie ihre kindlichen Versuche, die Liebe und Aufmerksamkeit der Mutter zu bekommen, sehr deutlich spüren. »Ich suche immer wieder den Blickkontakt mit meiner Mutter, strecke ihr meine Händchen entgegen und erfahre Zurückweisung. Sie sieht mich nicht.« Dadurch entsteht das Muster: »Wenn ich Liebe brauche, erfahre ich Zurückweisung.« Das kenne sie sehr gut aus ihrem Leben. Aus Erzählungen weiß sie, dass sich die Mutter in vielen Bereichen der Babypflege etwas ungeschickt verhalten hat, dass sie auch nicht gestillt wurde, da die Mutter keine Milch hatte. Die Mutter beteuerte jedoch, dass sie sich große Mühe mit ihrem ersten Kind gegeben und besonders in den ersten Wochen viel Zeit mit ihm verbracht habe. In dieser Rückschau erlebte die Klientin, dass die Mutter zwar anwesend war, sie jedoch innerlich nicht präsent war und ihr die so dringend benötigte Liebe und Fürsorge nicht geben konnte. Die Hand, die sie immer wieder nach der Mutter ausstreckte, griff ins Leere.

Das verursachte einen großen Schmerz in dem Säugling, der dieses Gefühl jedoch nicht ausdrücken konnte, nur durch Schreien. Diese Gefühle werden jedoch im Körper gespeichert und bleiben da. Die Milchflasche, die die Mutter in solchen Situationen immer bereithielt, beruhigte zumindest für kurze Zeit das nach Liebe schreiende Kind.

In dieser Zeit hat sich durch die immer wieder gemachten Erfahrungen ein Glaubenssatz gebildet, der da lautet: Auch wenn ich meine Bedürfnisse mitteile, werden sie nicht erfüllt; wenn ich Liebe brauche und esse, geht es mir besser.

Die dringend benötigte Liebe und die Sehnsucht nach Fürsorge wurde mit Nahrung gestillt. Dies hinterließ nach einiger Zeit wiederum Lesezeichen in den Genen, die bei der Klientin immer noch aktiv waren. Immer wenn es ihr nicht gut ging, suchte sie nach Essen, das stillte zumindest für kurze Zeit ihre Unzufriedenheit. Sie verweilte lange in diesen Situationen, konnte sie sehr deutlich fühlen und begriff jetzt, wie sich ihre Muster und Programme in dieser Zeit entwickelt und epigenetisch manifestiert hatten.

Da wir Menschen einen tief verwurzelten Überlebenstrieb haben, den stärksten Trieb überhaupt, suchen wir nach Strategien, wie wir trotz schlimmer emotionaler Erfahrungen überleben können. Diese Strategien zeigten sich der Klientin in den folgenden Bildern: Immer noch ist unser stärkstes Bedürfnis das nach Liebe, Zugehörigkeit und Wachstum, und dafür tun wir alles.

Sie erlebte sich in Situationen, in denen sie anfing, alles für die Mutter zu tun, was einem Kleinkind möglich war, immer in der Hoffnung, doch noch Liebe und Anerkennung von der Mutter zu bekommen. Sie räumte den Tisch ab, ließ ab und zu ein Teil fallen und wurde dafür bestraft. Sie holte ihren schreienden Bruder aus dem Bett und wurde auch dafür bestraft. Es liefen ganze Filme ihrer Kindheit vor ihr ab, in denen sie der Mutter Arbeiten abnahm, in der Hoffnung, Liebe und Anerkennung zu bekommen. Doch stattdessen wurde sie bestraft oder von der Mutter ignoriert. Aus

Erzählungen ist ihr bekannt, dass sie als fleißiges Kind galt, das ohne Angst Aufgaben übernahm, für die es noch viel zu klein war. Inzwischen ist ihrem kindlichen Gemüt wohl auf irgendeiner Ebene klar geworden, dass von der Mutter keine Liebe kommt. Ein Teil in ihr hat aufgegeben und einen Raum ihres Herzens verschlossen.

Das verschlossene Herz

Der für die Entwicklung so wichtige Teil, der Liebe und Geborgenheit braucht, um wachsen zu können, hatte sich abgetrennt und verkapselt. Das ist ein Überlebensmechanismus, denn mit dem permanenten Schmerz der unerfüllten Liebe kann kein Kind überleben. Dies ist ein sehr wichtiger Punkt in der frühkindlichen Entwicklung und hat enorme Auswirkungen auf unser gesamtes Leben. Es prägt unsere Eigenwahrnehmung, unsere Beziehungen, unsere Partnerschaft, letztendlich das Vertrauen in das gesamte Leben. Dieser verschlossene Bereich lässt uns nicht mehr in Kontakt mit tiefer, inniger Liebe kommen. Weder mit Selbstliebe noch mit Liebe zu anderen Menschen. Wir leben dann eine Art Konstrukt der Liebe, so wie wir es eben in der prägenden Zeit erfahren haben.

Viele Menschen leben mit dieser Art von Liebe ihr ganzes Leben lang, was durchaus möglich ist. Es sind dann funktionale Beziehungen, durchaus mit gegenseitiger Achtung und Respekt und mit dem Gefühl, füreinander da zu sein. Diese Beziehungen tragen sich auf einer menschlichen Ebene, erreichen jedoch nicht die Tiefe der Liebe, um den schmerzhaften Punkt im Inneren nicht zu berühren. Denn in diesem Raum, in dem dieser große Schmerz auf Erlösung wartet, ist auch die größte Liebe eingeschlossen. Wenn wir diese Tür öffnen, begegnet uns beides –

zuerst der Schmerz, dann die Liebe. Dafür lohnt es sich schon, diese Tür zu öffnen. So war es auch die Absicht meiner Klientin. Sie konnte jetzt schon erahnen, was die Wurzel ihrer Unzufriedenheit war.

Wenigstens wurde sie in der Kindheit von den Großeltern und Verwandten für ihr tapferes und fleißiges Verhalten gelobt, manchmal auch vom Vater. Das stärkte ein bisschen ihren Wert, musste sie dafür auch einen hohen Preis bezahlen: Wenn ich mich wertvoll fühlen möchte, muss ich viel dafür tun. Auch diese Erfahrung schaltete bestimmte Gensequenzen ein, die immer noch wirkten. Dann erlebte sie eine Erfahrung in der Rückschau, die ihr einen Anteil bewusst machte: Die Mutter benutzte sie für ihre Belange und schenkte ihr ein bisschen Aufmerksamkeit, wenn sie sich besonders anstrengte. Inzwischen hatte das kleine Mädchen gelernt, was es tun musste, um von der Familie und besonders von der Mutter gesehen und anerkannt zu werden.

In der Sitzung wurde ihr plötzlich bewusst, dass sie einen Großteil dieser Muster an ihre beiden Kinder weitergegeben hatte. Tochter und Sohn hatten ähnliche Strukturen und definierten sich über Fleiß und Erfolg.

Kindliches Grundtrauma

Das Grundtrauma der Klientin ist eine Erfahrung, die unzählige Menschen in unserer Gesellschaft gemacht haben. Wir werden in unserem unschuldigen, kindlichen Sein nicht gesehen und entwickeln dann Strategien, um doch noch ein bisschen Aufmerksamkeit zu bekommen. Die tiefe Erfahrung des Geborgenseins im Mutterleib, des Genährtwerdens und das Gefühl, dabei zu wachsen, ist ein grundlegendes Bedürfnis, auf dem unser Leben aufbaut.

Die Beziehung zur Mutter hat dabei eine besondere Bedeutung, da wir diese Erfahrung in ihrem Körper machen und tief verbunden mit ihr sind. Alles, was die Mutter fühlt, erlebt, isst, trinkt, ihr Umfeld, ihre Lebensbedingungen, erfahren wir auch, und es prägt uns in einer Phase, auf die wir selbst keinen Einfluss haben. Wir sind in völliger Hingabe der Mutter ausgeliefert.

Wird diese Bindung, aus welchen Gründen auch immer, nach der Geburt nicht positiv weiterentwickelt, hat das weitreichende Konsequenzen für unser späteres Leben. Über 900 Gensequenzen fanden kanadische Forscher, deren Aktivität durch mütterliche Verhaltensweisen beeinflusst werden. So wird wieder einmal die bedeutende Rolle der Mutter im Leben eines Menschen deutlich. »Mütter sind an allem schuld!« Diese Aussage wird gerne gemacht und auch als Ausrede benutzt, um die eigene Verantwortung für bestimmte Lebensumstände abzugeben. Oder wie Hermann Hesse in seinem Buch *Narziß und Goldmund* sagte: »Ohne Mutter kann man nicht lieben und ohne Mutter kann man nicht sterben.«

Welch großer Aufgabe stellt sich doch eine Frau, die sich dafür entscheidet, ein Kind zu empfangen und ihm das Leben zu geben. Unabhängig davon, wie die äußeren Umstände auch sein mögen, sie hat sich dazu entschieden, ob nun bewusst oder unbewusst, und setzt dabei ihr eigenes Leben aufs Spiel. Eine Schwangerschaft und eine Geburt sind immer noch ein Risiko, auch wenn sich die medizinische Versorgung dahingehend sehr verbessert hat, um Mutter und Kind bei Komplikationen das Leben zu retten.

In meiner jahrzehntelangen Arbeit mit systemischen Aufstellungen wurde und werde ich immer wieder damit konfrontiert und wundere mich manchmal, wie Menschen mit diesem Urtrauma dennoch im Leben stehen, Verantwortung übernehmen, Familien gründen und beruflich erfolgreich sind. Irgendwo im Körper-Geist-Seele-System manifestiert sich dieser emotionale Stress jedoch und hinterlässt Spuren in jeder einzelnen Zelle unseres Körpers. Unsere Zivilisationskrankheiten wie Herz-Kreislauf-Erkrankungen, Übergewicht, Diabetes, Krebs oder psychische Krankheiten sind Folgen der unerlösten traumatischen Erfahrungen, die sich in unserem Körper manifestiert haben und die in den Genen entsprechende Spuren hinterlassen. Diese werden weitergegeben an die nächsten Generationen, und so macht eine Sippe in jeder Generation wieder ähnliche Erfahrungen.

Glaubenssysteme, die sich in dieser Zeit entwickelt und entsprechende Gene aktiviert haben:

- Ich bin unerwünscht.
- Ich bin nicht liebenswert.
- Auch wenn ich meine Bedürfnisse mitteile, werden sie nicht erfüllt.
- Meine eigenen Bedürfnisse sind nicht wichtig.
- Wenn ich Liebe brauche und esse, geht es mir besser.
- Wenn ich Liebe brauche, erfahre ich Zurückweisung.
- Lieber bleibe ich allein, bevor ich diesen Schmerz noch einmal fühle.
- Ich kann den Menschen nicht vertrauen.
- Ich kann dem Leben nicht vertrauen.

- Wenn ich mich wertvoll fühlen will, muss ich viel dafür tun.
- Ich muss hart arbeiten, um etwas zu erreichen.

Beziehungen/Partnerschaft

Wie wir uns als Frau sehen und fühlen und wie wir die Männer sehen und wahrnehmen, wie wir uns als Mann sehen und fühlen und wie wir die Frauen sehen und wahrnehmen, unterliegt vielen Einflüssen. Einen maßgeblichen Einfluss auf unser Mann/Frau-Bild und wie wir Beziehungen leben, haben, neben den kollektiven Prägungen, die epigenetischen Signaturen in unseren Genen. So, wie wir die Frauen und Männer in unserer Familie erlebt haben.

Wenn die Männer fehlen

Sei es die Beziehung zu uns selbst, zu unseren Mitmenschen oder in der Partnerschaft, immer wirken die epigenetischen Prägungen unserer Ahnenlinie mit in unsere Beziehungen hinein. Es gibt Familien, da haben über viele Generationen die Männer gefehlt. Sei es, dass sie früh verstorben sind, dass sie die Familie verlassen haben und Frau und Kinder unversorgt zurückließen oder dass Kinder unehelich gezeugt wurden und die Väter dafür keine Verantwortung übernommen haben. In all diesen Fällen waren die Frauen dann für das Wohl und die Versorgung der Familie, insbesondere für die Kinder, verantwortlich. In früheren Zeiten war das nicht nur ein materielles Problem, Frauen und auch die Kinder wurden oft von der Gesellschaft ausgegrenzt und hatten es schwer, ein würdevolles Leben zu führen. Eine Folge dieser Erfahrung war, dass Frauen viel Kraft und innere Stärke entwickeln mussten, um dem Schicksal gewachsen zu sein. Nicht alle schafften das, und es blieben Schmerz und Verbitterung in ihren Herzen zurück sowie Wut und Rache gegenüber den Männern. Diese Erfahrungen hatten Auswirkungen auf die Nachkommen und prägen die Mann-Frau-Beziehungen bis heute. Gerade in der heutigen Zeit gibt es sehr viele alleinerziehende Frauen, die für das Wohl ihrer Kinder allein verantwortlich sind. Auch heute noch fehlen oft Männer in vielen Familien und dadurch auch die männlichen Vorbilder für die Kinder. Da beide, Mann und Frau, ihren Anteil an dem Geschehen tragen, haben auch beide die Verantwortung dafür. Geht man in einer solchen Ahnenlinie zurück, zeigen sich Schicksale, die sich seit Generationen wiederholen und die die Ursachen der jetzigen Situation in den Familien aufzeigen.

Auswirkungen bei den Frauen

Bei den Frauen entstehen hier im Laufe der Generationen verschiedene Glaubenssysteme, die eine erfüllte und glückliche Mann-Frau-Beziehung nicht mehr zulassen. Es wird zu einer manchmal unbewussten Überzeugung, dass man keine Männer braucht. »Ich kann alles alleine, ich brauche keinen Mann. Auf die Männer kann man sich sowieso nicht verlassen. Wenn man sie braucht, sind sie nicht da.« Das Männerbild ist dann sehr negativ besetzt, das Verhalten gegenüber den Männern oft respektlos und anmaßend. Es ist geprägt von den Überzeugungen, die sich sowohl in den Genen als auch im tatsächlichen Leben manifestiert haben. Wenn solche Strukturen wirken, wird es die Frau schwer haben, einen liebevollen

Partner zu finden und eine erfüllte Partnerschaft zu leben. Sie strahlt ihre innere Haltung, auch wenn sie ihr nicht bewusst ist, durch ihr Herz und ihre Energiekörper aus und zieht entsprechende Partner an. Das heißt, sie zieht Partner an, die keine Verantwortung übernehmen, die nicht liebevoll sind und die irgendwann einfach verschwinden oder sich trennen. So bestätigt sich das innere Männerbild immer wieder. Viele Frauen haben sich deshalb nach vielen Enttäuschungen entschlossen, ihr Leben alleine, ohne Partner zu verbringen. Nicht alle sind damit glücklich, denn die Sehnsucht nach erfüllten Beziehungen ist tief in unserem Menschsein verankert.

Auswirkungen bei den Männern

Wenn Männer in solche Systeme verstrickt sind, haben sie oft einen geringen Selbstwert, der sich in Beziehungen und auch im beruflichen Bereich sehr deutlich zeigt. Da das männliche Prinzip von der Mutter nicht geachtet wird, bekommt der männliche Anteil des Vaters in dem Jungen auch wenig Wert und Anerkennung.

Das kann zeitlebens Auswirkungen haben, so dass sich der Mann nicht gut genug und wertlos fühlt. Er steht unter permanentem Druck, beweisen zu müssen, dass er doch gut ist und etwas kann und dass er besser ist als die meisten anderen Männer, besonders als sein Vater. Es kann auch sein, dass die Mutter all ihre Wünsche, die ihr Partner nicht erfüllt hat, auf den Sohn überträgt und aus ihm einen besseren Partner machen möchte. Der Sohn möchte entweder die Erwartungen seiner Mutter erfüllen und bleibt Mamas Liebling, mit einem ausgeprägten Ego, das immer wieder Bestätigung sucht, besonders bei den Frauen. Oder er verweigert sich und bleibt zeitlebens der rebellische Jugendliche. In beiden Fällen keine gute Voraussetzung für eine erfüllende Beziehung. Er wird sich in der Gesellschaft von Männern nicht sehr wohlfühlen, da ein unbewusstes Konkurrenzverhalten zu spüren ist. In der Gesellschaft von Frauen muss er ständig beweisen, wie gut er ist. Ein anstrengendes Leben, das viel Stress verursacht und mit einer der Gründe für das in unserer Zeit häufige Auftreten des Burnout-Syndroms ist. Ein solcher Mann ist gefangen in einem Geflecht aus epigenetischen Prägungen, gesellschaftlichen Erwartungen und dem tiefen inneren Wunsch, sich selbst zu entdecken.

Wenn Frauen nichts wert sind

In vielen Familiensystemen können Frauen die Wertlosigkeit erfahren. Über Generationen hinweg haben Frauen in solchen Familien keinen guten Stand und werden nicht geachtet und gewürdigt. Schon im Kindesalter erfahren die kleinen Mädchen, dass sie weniger wert sind als ihre Brüder, und müssen sich ihnen unterordnen. Sie verrichten schon früh schwere körperliche Arbeiten, bedienen die männlichen Familienmitglieder und dürfen keine eigene Meinung haben. Diese drastischen Beispiele haben sich in unserem Kulturkreis in den letzten Jahrzehnten zwar verändert, sind jedoch noch als Information in unseren Zellen gespeichert und werden zum Teil auch noch gelebt. Selbst in den fortschrittlichen Ländern der Erde herrscht immer noch keine Gleichberechtigung, sei es im beruflichen oder im familiären Bereich.

Ich erlebe in meinen Seminaren oft junge, gut ausgebildete Frauen, die sich zwischen Familie, Kindererziehung, Haushalt und

Beruf in einer unglaublichen Stresssituation befinden und es auch noch normal finden, dass sie, im Gegensatz zu ihrem Partner, der Hobbys und Freizeitbeschäftigungen nachgeht, kaum Zeit für sich selbst und ihre eigenen Bedürfnisse haben. Selbst wenn sie sich die Zeit für Seminare oder Fortbildungen nehmen, managen sie in der Pause noch die Familie, gehen einkaufen und sorgen schon Tage vorher für die Mahlzeiten, die der Mann dann für sich und die Kinder nur noch aufwärmen muss. Abends wollen sie zeitig zu Hause sein, da die Kinder am liebsten von ihr ins Bett gebracht werden und dann ja auch noch die Wäsche von der Woche und die Haushaltsarbeiten gemacht werden müssen. Da kann man sich fragen, wie viel ist sich die Frau selbst wert?

In vielen Kulturen war und ist es immer noch üblich, dass bei einer Heirat die Frau in die Familie und das Haus des Mannes zieht. Sie war dann im Haushalt zusammen mit der Schwiegermutter und der Familie ihres Mannes, die das Sagen hatten. Auch hier musste sie sich wieder unterordnen, viel arbeiten und wurde wenig geschätzt.

Oft haben sich Frauen dann einer von Kindheit an erlernten Struktur bedient: sich über Leistung zu definieren. Um wenigstens ein bisschen Anerkennung zu bekommen und um das Gefühl zu haben, etwas wert zu sein, definieren sie ihren Selbstwert über die Arbeit. Es gibt wenig Frauen, die diese Überlebensstrategie nicht in ihren Genen haben. Schon früh lernt das Mädchen (die Jungen natürlich auch): Wenn ich mich anstrenge und noch besser bin, dann bekomme ich Anerkennung, Zuwendung und letztlich die Liebe, die ich so sehr für mein Leben brauche. Liebe und Zuwendung bleiben natürlich aus, und so entsteht der tiefe

Glaube: Ich bin nichts wert, ich bin nicht gut genug, so sehr ich mich auch anstrenge, es ist nie genug!

Im Außen bestätigt sich dieser Glaubenssatz immer wieder, da die Überzeugung im Inneren fest verankert ist und über das Energiefeld entsprechende Situationen anzieht. So wird das Frausein als abhängig und wenig erstrebenswertes Ziel erlebt. Die Töchter erleben das Schicksal der Mutter und tragen die »wertlosen Signaturen« schon bei der Geburt in ihren Genen. So hat sich das Bild der Frau in den letzten Jahrhunderten nur sehr langsam verändert.

Das Mann-Frau-Bild in der Familie

Als kleines Mädchen, als kleiner Junge werden wir geprägt von den männlichen und weiblichen Rollenbildern in unserer Familie. Die Eltern sind in der Beziehung unser Vorbild. Wie die Mutter den Vater behandelt und wie der Vater die Mutter behandelt, das bekommen wir tagtäglich mit, und diese Verhaltensweisen prägen uns.

Die Rollenbilder von Mann und Frau waren gesellschaftlich vorgegeben. Es ist noch keine 100 Jahre her, da war es zum Beispiel ganz selbstverständlich, dass die Interessen einer Frau sich ausschließlich auf die Familie und den Ehemann konzentrieren mussten. Frauen hatten sich anzupassen und keine eigenen Bedürfnisse zu haben. Die Rollenzuweisungen engen ein, führen zu Diskriminierungen und fördern sexistisches Verhalten sowie eine diskriminierende Machtausübung. Oft sind diese Geschlechterzuschreibungen den Personen gar nicht bewusst. Sie sind schon selbstverständlich im Alltag präsent und spiegeln gleichzeitig die manifestierten Prägungen der Gesellschaft wider.

Bis zum Jahr 1958 mussten Frauen ihre Männer um Erlaubnis fragen, wenn sie die Führerscheinprüfung ablegen wollten. Erst im Jahr 1919 wurde das Wahlrecht in Deutschland für Frauen eingeführt. In der Schweiz wurde das Frauenstimmrecht im Jahr 1971 eingeführt, und die Schweiz war somit eines der letzten europäischen Länder, das seiner weiblichen Bevölkerung die vollen Bürgerrechte zugestand. Das alles hat Spuren in jeder einzelnen Zelle hinterlassen und das Frauenbild sowohl individuell als auch kollektiv beeinflusst.

Täter-Opfer-Strukturen

Die Mann-Frau-Beziehung ist seit tausenden von Jahren geprägt von Macht und Ohnmacht und gegenseitigem Kampf. Eine Erfahrung, die immer die beiden Pole, Täter und Opfer, beinhaltet. Hier wirken kollektive, gesellschaftliche, religiöse und familiäre Strukturen ineinander. In der christlich geprägten Gesellschaft war die Frau jahrhundertelang nichts wert, wobei diese Dynamiken weltweit und durch alle Gesellschaftsschichten gelebt wurden und immer noch gelebt werden. Der Mann hatte das Sagen und war der Gebieter über die Familie, die Frau musste sich unterordnen. Der Mann war Täter, die Frau in der Regel das Opfer. Diese Typologien finden wir in allen Lebensbereichen, in Beziehungen und Partnerschaften bieten sie uns jedoch ein Feld, in dem wir diese Rollen sehr direkt erleben. Da ist auch die große Chance, die

Strukturen zu erkennen und sie zu heilen. Oftmals wirkt schon seit vielen Generationen diese Opferhaltung in einer Familie, die geprägt ist von wenig Selbstwert, von Angst, Anpassung, Selbstaufgabe und Abhängigkeit vom Partner.

Folgen des Patriarchats

Die Erfahrungen, die Frauen in den letzten Jahrtausenden gemacht haben, sind sicher auch eine Folge des Patriarchats, also der Vorherrschaft des Männlichen. Die Regeln und Rollen waren ganz klar aufgeteilt. Der Mann hatte das Sagen, die Frau und die gemeinsamen Kinder waren sein Eigentum. Die Frau hatte keine Rechte, sie war »dem Manne untertan«, so wie es in der Bibel steht. In der Herkunftsfamilie war es der Vater und die Brüder, denen sie zu gehorchen hatte, danach übernahm der Ehemann diese Aufgabe. In den verschiedenen Kulturen der Welt wurde das Patriarchat unterschiedlich gelebt, wobei die Religionen einen maßgeblichen Einfluss hatten und heute noch haben. In Indien zum Beispiel wurden junge Frauen, oft noch Mädchen, mit älteren Männern verheiratet. Starb der Mann, musste die Frau mit ihm auf dem Scheiterhaufen sterben. Bei einer Witwenverbrennung gewann die Frau und oft auch deren Familie ein hohes Ansehen. Manchmal ging die Frau freiwillig, oft aber auch unter Zwang mit in den Tod. Ein Fall der durch die Medien ging und von tausenden von Zuschauern verfolgt wurde, ist die Witwenverbrennung der achtzehnjährigen Witwe Roop Kanwar, die 1987 in Rajasthan auf dem Scheiterhaufen ihres Mannes verbrannte. Offiziell ist das in Indien heute verboten, wird jedoch von verschiedenen Religionsgemeinschaften immer noch durchgeführt.

Auch in Skandinavien, China oder Griechenland wurden Zeugnisse von Witwenverbrennungen gefunden, womit es sich geschichtlich gesehen nicht ausschließlich um eine hinduistische Praktik handelte. Es konnte nachgewiesen werden, dass dieser Brauch schon vor über tausend Jahren praktiziert wurde. Oftmals waren es soziale oder materielle Gründe, die eine große Rolle spielten. So konnte etwa eine erneute, kostspielige Heirat vermieden werden, und es gab weniger Komplikationen bei der Aufteilung des Erbes.

Denken wir an die Zeiten der Inquisition im Mittelalter. Unzählige Frauen wurden gefoltert, umgebracht und mussten ihren Fähigkeiten und Gaben abschwören. Die Spiritualität wurde verteufelt und mit ihr die Heilerinnen und Kräuterfrauen der damaligen Zeit. Gerade mit diesen Erfahrungen sind noch viele Frauen belastet, und sie halten ihr Potenzial und ihre spirituellen Fähigkeiten unter Verschluss. In den Zellen ist gespeichert: Wenn du dich mit deinen heilerischen Fähigkeiten zeigst, kann dich das dein Leben kosten! Ich hatte unzählige Frauen in meinen Seminaren, die an solche Schwüre gebunden waren und panische Angst bekamen, wenn sie sich vorstellten, öffentlich zu ihren Gaben zu stehen. Das ist mit ein Grund, weshalb sich so viele Frauen nicht trauen, mit ihrem spirituellen Business an die Öffentlichkeit zu gehen und erfolgreich zu sein.

Die Informationen dieser Zeitepoche mit all den Erlebnissen tragen Frauen und auch Männer als energetische Signatur in den Genen. Gerade jetzt in der Zeit des Wandels ist es so wichtig, dass diese alten Erfahrungen erlöst werden. Männer sind auf eine andere Weise in dieses Thema involviert, sie spüren eher die Schuld, denn die Täter waren zumeist Männer. Diese Erfahrung belastet immer noch die Mann-Frau-Beziehung auf ganz subtile Art und Weise.

Familiäre Gewalterfahrungen und Missbrauch

Fortgesetzte Gewalt, Missbrauchssituationen, soziale Isolation und materielle Not verursachen für uns Dauerstress. Dadurch ändert sich die Genaktivität, die dann über diese Erfahrungen hinaus oft zeitlebens bestehen bleiben. Chronische Entzündungen werden dadurch gefördert, die zu Herz-Kreislauf-Erkrankungen führen können, einem erhöhten Risiko für Übergewicht, Diabetes und diversen Formen von psychopathologischen Auffälligkeiten. Dazu gehören Schizophrenie, schwere Depressionen oder Angststörungen, und diese psychischen Probleme vergrößern wiederum die Gefahr eines Selbstmordes. Auch wenn sich die Umstände des frühen Traumas und seine Folgen unterscheiden, lässt sich doch ein Zusammenhang zu den »Rabenmüttern« erkennen. Die kanadischen Forscher, darunter Michael J. Meaney, Moshe Szyf und Gustavo Turecki, die die McGill-Gruppe für Selbstmordstudien leiten, zeigten nun, dass auch die epigenetischen Veränderungen beim Menschen ganz ähnlich sind wie bei den vernachlässigten Versuchstieren.

Bestätigt wurde dies auch durch eine Studie der Universität Konstanz, durchgeführt von einer Gruppe um den Psychologen Thomas Elbert und die Evolutionsbiologen Karl Radtke und Axel Meyer, die die epigenetischen Folgen der Misshandlung schwangerer Frauen untersuchten. Auch hier änderte sich durch die Gewalterfahrung die Methylierung des entsprechenden Gens bereits im Mutterleib und war bei den Nachkommen aktiv.

Die Forscher analysierten das komplette DNS-Methylierungsmuster von Kindern aus der brasilianischen Stadt São Gonçalo, die für ihren Grad an Gewaltbereitschaft in der Bevölkerung bekannt ist. Zudem befragten sie die Großmütter mütterlicherseits danach, ob sie während der Schwangerschaft mit den Müttern der Enkel Gewalterfahrungen gemacht hatten. 22 % der Großmütter berichteten von hochgradiger Gewalt, das heißt, sie wurden wiederholt innerhalb der Familie oder von anderen Mitgliedern der Gemeinschaft geschlagen oder missbraucht. Die Forscher fanden bei den Enkeln dieser Großmütter an 27 Stellen auffallende Abweichungen im Epigenom. In der Nähe von fünf verschiedenen Genen waren die Unterschiede statistisch besonders signifikant, darunter bei zwei Genen, die eine Rolle im Herz-Kreislauf-System spielen. Von einem weiteren dieser Gene, CFTR genannt, wurde schon früher berichtet, dass seine Methylierung bei Erwachsenen verändert ist, die in ihrer eigenen Kindheit stark vernachlässigt wurden.

Die DNS-Methylierung beschreibt den biologischen Mechanismus, dass bestimmten DNS-Bausteinen eine Methylgruppe angehängt wird. Sie stellt eine Reaktion des Erbgutes auf die Umwelt dar, durch die Gene an- beziehungsweise abgeschaltet werden. Der Mechanismus funktioniert epigenetisch, da nicht die Gensequenz, sondern lediglich die Umsetzung der Erbinformation, also ihre Lesbarkeit, verändert wird.

Missbrauch in der Kindheit

Missbrauchserfahrungen in der Kindheit verletzen nicht nur Körper, Geist und Seele des Kindes, sie hinterlassen auch massive Spuren im Erbgut. Dass es einen Zusammenhang zwischen frühen Traumatisierungen und psychischen Krankheiten gibt, ist seit langem bekannt. Mehr als ein Drittel aller psychischen Erkrankungen sind auf Kindheitstraumata zurückzuführen. Es besteht jedoch auch ein erhöhtes Risiko für physische Krankheiten, wie Übergewicht, Herz- und Autoimmunerkrankungen. Misshandlungen verändern die Zellen im Hippocampus, der Schaltstelle unserer Gefühle und Erinnerungen, und haben oft eine lebenslange Auswirkung.

Schätzungen zufolge macht jede dritte Frau in ihrem Leben Missbrauchserfahrungen, bei den Männern sind es bis zu 15 Prozent. Sexuelle Übergriffe kommen in allen gesellschaftlichen Schichten und Kulturen vor. In Kriegsgebieten ist sexuelle Gewalt an der Tagesordnung, und in vielen Familien ist sexueller Missbrauch und Inzest seit Generationen manifestiert, meist gibt es in den betroffenen Familien Täter und Opfer. Das ganze Ausmaß sexueller Traumatisierungen wird in unserer Gesellschaft immer noch verschleiert, und in den betroffenen Familien ist es ein Tabuthema. Es wird geschwiegen, geleugnet und die Kinder müssen schweigen oder werden selbst als die Schuldigen dargestellt, die die Tat verursacht haben.

Eine traumabedingte Fehlregulation verschiedener neurobiologischer Systeme hat Auswirkungen auf den späteren Entwicklungspfad des Kindes. Dabei macht es einen Unterschied, ob das Opfer eine sichere Bindung zu einem Elternteil hatte oder ob diese gestört war.

Dabei spielt das Hormon Oxytocin eine Rolle. Es wird, wie schon beschrieben, auch das Bindungshormon genannt, da es neben einer Vielzahl von Wirkungen die Bindung zwischen Mutter und Kind stärken soll. Die bekannteste Wirkung von Oxytocin steht im Zusammenhang mit der Geburt. Das Hormon sorgt für die Wehen bei der Geburt sowie für den Milcheinschuss und wird daher auch in der klinischen Geburtshilfe als Unterstützung eingesetzt.

Es stärkt das Vertrauen und fördert die sozialen Bindungen. Es lässt kindliche Entwicklungen entstehen, die frühe soziale Wahrnehmungsprozesse und soziale Verhaltensweisen beeinflussen. Seine Produktion wird aktiviert durch Blickkontakt, Nähe, angenehme Berührungen, Empathie. Bei Babys, die diese liebevollen Erfahrungen machen, wird das Oxytocin-System hochreguliert. Oxytocin sorgt auch dafür, dass Stress bzw. die Folgen von Stress reduziert werden und damit ein entspanntes Wohlbefinden eintritt. Die Produktion dieses Neurotransmitters kann durch Berührungen und angenehme zwischenmenschliche Kontakte aktiviert werden, stärkt das Vertrauen in sich selbst sowie in andere Menschen und verhilft so zu einem angenehmeren Umgang miteinander. Indem Oxytocin das Ausschütten von Cortisol verringert, reduziert es Stress und aktiviert das Belohnungssystem.

Babys, die diese liebevolle Verbindung zur Mutter nicht erfahren und zudem Missbrauchserfahrungen gemacht haben, haben einen niedrigen Oxytocin-Spiegel, der sich auf das emotionale Verhalten und die Bindungsfähigkeit auswirkt. Dauerhafte Bindungen können später oft nicht eingegangen werden.

Neben den neurobiologischen Vorgängen, die sich im Körper der verzweifelten Kinder abspielen, sind die seelischen Wunden, unter denen sie oft ein Leben lang leiden, tief in jede Zelle eingegraben und hinterlassen somit auch in den Genen ihre Spuren.

Franz Ruppert, ein in München ansässiger Psychotherapeut, sagt: »Das, was wir ‚psychische Krankheiten' nennen, ist sehr oft die Folge sexueller Traumata.«

Die Folgen von sexuellen Übergriffen nehmen Einfluss in alle Lebensbereiche. Durch die Gewalterfahrung und die Einschüchterung durch den Täter wagen es die Betroffenen meist nicht, sich irgendjemandem anzuvertrauen. Und wenn sie sich öffnen, wird ihnen häufig nicht geglaubt. Sie werden von Scham- und Schuldgefühlen geplagt, da ihnen oft selbst die Schuld für die Taten angelastet wird, und geraten dadurch in einen inneren Unfrieden mit sich selbst, der mit Ablehnung und Selbstbestrafung einhergeht, besonders was den eigenen Körper betrifft. Sie spüren Misstrauen gegenüber Menschen und sind oft nicht in der Lage, vertrauensvolle Nähe zuzulassen.

Selbst nach Jahrzehnten ist das gesamte System noch in »Hab-Acht-Stellung«, so dass Sexualität nur in einem dissoziierten Zustand erlebt werden kann. Das heißt, sie sind abgetrennt von ihrem Körper und den Empfindungen, da jegliches Zulassen von Gefühlen das Trauma aktivieren könnte. Der Körper vergisst diese Erfahrungen nicht, selbst wenn der Geist sie verdrängt und in eine Schublade steckt. Drogen wie Alkohol oder andere Rauschgifte helfen dann, Sexualität suchtartig zu praktizieren, um nicht zu spüren, dass der Kontakt zum eigenen Körper schon längst verloren ging.

Die andere Seite ist, dass auf Beziehungen und Sexualität ganz verzichtet wird. Es gibt Frauen und auch vermehrt Männer, die keine Partnerschaft mehr eingehen, da die tiefsitzende Angst dies nicht mehr zulässt. Im Inneren wird dann die Entscheidung getroffen: »Das passiert mir nie mehr, lieber verzichte ich auf sexuelle Kontakte oder ich gehe gar keine Partnerschaft mehr ein.«

Missbrauchte Mädchen oder Jungen reagieren unterschiedlich auf die Geschehnisse. Vor allem, wenn der Missbrauch innerhalb der Familie stattfand, entsteht eine langfristige Verwirrung. Die Rolle des Vaters, Onkels oder Bruders vermischt sich mit der eines sexuellen Partners. Das Kind wird in seinem Vertrauen zutiefst erschüttert, wenn es entdeckt, dass eine Person, die es liebt und mit der es in einer lebenswichtigen Beziehung steht, es missbraucht und verletzt. Der Selbstwert wird geschädigt, wenn es die Gefühle der Wertlosigkeit als dem eigenen Selbst zugehörig verinnerlicht bzw. wenn ihm dies eingeredet wird.

Die gleichzeitige körperliche und seelische Schädigung durch den Missbrauch, den Verrat durch eine Vertrauensperson, die Hilflosigkeit und das Empfinden des Beschmutzt- und Ausgestoßenseins machen den sexuellen Kindesmissbrauch zu einem schlimmen, traumatischen Ereignis. Das Kind hat seine Würde verloren und ist oft zeitlebens auf der Suche danach.

Eine weitere Folge, die das Leben der Opfer prägt, sind die Überlebensstrategien, die sich zwangsläufig einstellen. Die schlimmen Ereignisse werden aus dem bewussten Erleben ausgeschlossen und in den Bereich des Unbewussten verdrängt. Die dorthin verdrängten Erinnerungen können eine enorme Kraft entfalten und zu großen seelischen/psychischen Krankheiten führen. Dazu gehört die Abspaltung von eigenen Anteilen, die mit dem schmerzhaften Ereignis verbunden sind.

Diese abgetrennten Seelenanteile müssen in der Therapie geborgen, geheilt und wieder integriert werden. Die Innere-Kind-Arbeit kann in diesem Bereich sehr heilsam sein.

Es gibt Menschen, die ihre Missbrauchserfahrungen so weit verdrängt haben, dass sie sich tatsächlich nicht mehr bewusst daran erinnern können. Durch unbestimmte Auslösesituationen öffnet sich dann dieser verschlossene Raum und die erlebte Situation wird spür- und sichtbar.

Innere Bilder weisen auf Traumata hin: Beispiel Onkel

Eine Klientin berichtet, dass sie immer wieder innere Bilder sieht, wie sie als kleines Mädchen mit ihrem Onkel spazieren geht und sie dann in eine Höhle kommen. Dort ist es dunkel, und sie bleiben eine Zeit lang in der Höhle. Sie kann jedoch nicht wahrnehmen, was in der Höhle passiert. Da es ihr Lieblingsonkel war, nahm sie an, dass in der Höhle nichts Schlimmes passiert ist.

Sie kam mit dem Anliegen zu mir, wieder mehr zu fühlen, sich selbst zu spüren und ihre Gefühle auch ausdrücken zu können. Zudem hatten schon in früheren Jahren Therapeuten die Vermutung geäußert, dass sie aufgrund ihrer Thematiken ein

Trauma erlebt haben müsse. Auch ihr immer angespannter Körper deutete auf einen ungelösten Konflikt hin. Sie konnte jedoch, trotz vieler therapeutischer Maßnahmen, keinen Anhaltspunkt für ein Trauma finden. Sie hatte zu diesem Thema auch schon mehrere Familienaufstellungen durchgeführt, die jedoch immer damit endeten, dass es ein Geheimnis gab. Es zeigte sich allerdings nie.

In einer Genetic-Healing-Sitzung ist es wichtig, dass der Klient, die Klientin eine Entscheidung aus dem Herzen heraus trifft, die da lautet:

»Ich gebe alles zur Heilung frei, was mir und meinem Leben und meiner Seele jetzt nicht mehr dient.« Wird diese Entscheidung aus vollem Herzen und in dem klaren Bewusstsein getroffen, die eigene Situation wirklich ändern zu wollen, öffnen sich energetische Türen, die das freigeben, was jetzt erlöst werden darf.

Die Klientin konnte diesen Satz nicht aussprechen. Sie sagte, sie habe so große Angst, dass mit dem Onkel in der Höhle tatsächlich etwas Schlimmes passiert ist, dass sie alles so belassen wolle, wie es war. Der Onkel lebte noch und hatte geschäftliche Beziehungen mit ihrem Mann. Sie wollte das auf gar keinen Fall gefährden.

Auch das ist eine Entscheidung, die eine respektvolle Anerkennung braucht. Einige Monate später berichtete sie mir, dass ihr ihre älteste, erwachsene Tochter unter Tränen anvertraut habe, dass sie über mehrere Monate von einem älteren Nachbarn sexuell missbraucht worden war. Dies nahm erst dann ein Ende, als dieser Nachbar krank wurde und als Pflegefall in ein betreutes Wohnen kam.

Die Tochter hatte den Mut, dieses Tabuthema in der Familie anzusprechen und sich dann für sich auch therapeutische Hilfe zu suchen. Die Klientin hielt immer noch an ihrem Entschluss fest, ihr Thema im Dunkeln zu belassen, wie sie sagte: »Da soll jetzt Gras drüber wachsen.«

Hier zeigt sich sehr deutlich, dass es an der Zeit ist, die Missbrauchsthematik offen anzusprechen, damit sie heilen kann. Die Tochter hat, auch wenn es die Mutter nicht konnte, ihre innere Tür zu dem Thema geöffnet.

Die junge Generation hat da oft weniger Scham, sich dem zu stellen. Bleibt zu hoffen, dass es immer mehr mutige Frauen und Männer gibt, die über ihre Erfahrungen sprechen können, damit sie heilen und die Täter-Opfer-Dynamik, die damit verbunden ist, nicht mehr gemacht werden muss.

Glaubenssätze, die daraus entstanden sind:

- nichts mehr fühlen
- nicht über Gefühle reden
- Ich bin schlecht.
- Ich bin unglaubwürdig.
- Ich bin schmutzig.
- Angst vor Nähe
- Männer sind gefährlich.
- Männer sind Täter.
- Ich bin hilflos.
- Ich bin nichts wert – Wertlosigkeit.

- Die Würde ist zerstört.
- Ich habe kein Selbstvertrauen.
- Ich bin immer das Opfer.
- Ich fühle mich schuldig.

Weshalb schreibe ich so ausführlich über das Thema des sexuellen Missbrauchs?

Weil es ein Thema ist, das sich durch alle Schichten und Gesellschaftsbereiche zieht und unglaublich viele Menschen betrifft. Wie schon beschrieben kommt jede dritte Frau und ca. 15 % der Männer irgendwann in ihrem Leben mit dem Thema in Kontakt. Viele Millionen Männer und Frauen, nur in unserem Land. Und es gibt ja dann fast genauso viele Täter. Wie gehen die Täter damit um? In diesem Bereich ist das Tabu noch größer als bei den Opfern. In meiner jahrzehntelangen Arbeit mit systemischen Aufstellungen habe ich unendlich viele Missbrauchsopfer in meinen Seminaren und Einzelsitzungen erlebt. In all den Jahren jedoch nur wenige Täter.

In Deutschland leben derzeit ca. 41 Millionen Frauen und ca. 39 Millionen Männer. Davon kommen rein statistisch gesehen ca. 12 Millionen Frauen und fast 6 Millionen Männer in irgendeiner Weise mit sexuellen Übergriffen in Kontakt in ihrem Leben. Im Jahr 2017 wurden 63.782 Straftaten gegen sexuelle Selbstbestimmung in Deutschland vom BKA erfasst. (Quelle: Statistika.com) Die Dunkelziffer ist jedoch deutlich höher.

Die Wurzel des Missbrauchs

In ca. 5000 Jahre alten Steintafeln der Sumerer, die im südlichen Mesopotamien lebten, gibt es Hinweise auf sexuellen Missbrauch. Vermutlich ist sexueller Missbrauch so alt wie die Menschheit selbst. Ein Urmotiv ist die Degradierung zum Sexualobjekt, dessen Wille keinen Einfluss auf das Geschehen hat. Es sind meist Männer, die ihre Macht auf Frauen und Kinder ausüben.

Auch in der Bibel gibt es einen Hinweis auf Missbrauch: Das Buch Richter (Kapitel 19, Vers 24) berichtet von einem Gastgeber, der seine jugendliche Tochter opfert, um einen erwachsenen Gastfreund zu schützen. Als ein Mob vor seinem Haus erscheint und die Herausgabe des Freundes fordert, bietet er einen Tausch an: »Siehe, ich habe eine Tochter, noch eine Jungfrau, und mein Gast hat eine Nebenfrau, die will ich euch herausbringen. Die möget ihr zuschanden machen und tut mit ihnen, was euch gefällt, aber an diesem Manne tut nicht eine solche Torheit!«

Im antiken Griechenland war die sexuelle Ausbildung von Jugendlichen ein Privileg der Männer der herrschenden Schicht. Mit dem Erreichen der Pubertät wurde ein Knabe von einem Erwachsenen umworben. Diesen sollte der Junge als Gefährte, Lehrer und auch sexuellen Erzieher auswählen. Die als Knabenliebe oder Päderastie bezeichnete Praxis war eine Prestige-Angelegenheit.

In einer Sklavenhaltergesellschaft gehörte es zum guten Ton, abhängige Jugendliche in seinem Gefolge zu haben, und die gesellschaftlich anerkannte Knabenliebe war damals ein Statussymbol. Auf der anderen Seite erkannte der griechische Gesetzgeber durchaus die Gefahr von sexuellem Missbrauch gegenüber Kindern. Lehrer wurden bei Vergehen mit der Todesstrafe belegt. Dies galt jedoch nur für die Kinder der Bürger. Der Prostitution von minderjährigen Sklaven stand nichts im Wege.

Die Sitte, sich jugendliche Sklaven als sexuelle Diener zu halten, ist auch aus dem alten Rom bekannt. Die sexuelle Ausbeutung von Kindern hat also eine lange Geschichte, die tief in der Gesellschaft und so auch in unseren Genen verwurzelt ist.

Mit der Verbreitung des Christentums wurde dann Vätern die Prostitution der eigenen Töchter verboten, vorher war es eine gängige Praxis. Von der Kaiserin Theodora (um 497-548) ist überliefert, dass sie als Mädchen, zusammen mit ihren Schwestern, erotische Theaterstücke aufführen musste und als Prostituierte tätig war. Als sie Jahre später zur Kaiserin von Byzanz aufstieg, ließ sie den Handel mit Mädchen unter zehn Jahren verbieten und errichtete Häuser, die die »gefallenen« Mädchen aufnehmen sollten.

Noch einmal: Der sexuelle Missbrauch hat also eine lange Tradition und ist sowohl gesellschaftlich als auch in den Familien als Information in unseren Zellen verankert. Wir sind somit an familiäre und auch an kollektive Strukturen angebunden und geben diese von Generation zu Generation weiter.

Da wir uns in einer Zeit des großen Wandels befinden, in dem wir die über Jahrhunderte gemachten Erfahrungen der Dunkelheit und des Leides nun endlich zurücklassen können, ist es auch notwendig, dieses Erfahrungsfeld zu transformieren und epigenetisch zu löschen. Unsere neue, bewusste Menschengemeinschaft, die sich gerade entwickelt, kann für diese schmerzhaften und demütigenden Erfahrungen keine Resonanzfelder mehr bieten. Von daher wollen sie transformiert und geheilt werden.

Ich gebe nachfolgend einen Einblick in die Dynamik des Erfahrungsfeldes, das bei Missbrauch und Inzest in Familien über Generationen hinweg wirkt.

Missbrauch/Inzest als generationsübergreifendes Muster

Es gibt Familien, da ist sexueller Missbrauch seit Generationen gang und gäbe. In diesen Familien ist die Missbrauchsthematik so normal, dass Täter und oft auch die Opfer dies als »nicht so schlimm« empfinden. Täter haben häufig auch kein Schuldbewusstsein, da Missbrauch in den Genen codiert und somit als Information in jeder Zelle gespeichert ist.

In diesen Familien gibt es Vergewaltigungen, Inzest und alle Varianten der sexuellen Übergriffe sowohl im Kindes- als auch im Erwachsenenalter bei Mädchen und Jungen. In den meisten Fällen ist es so, dass Männer die Täter und Frauen die Opfer sind. Wenn es keine weiblichen Nachkommen gibt, sind Männer die Opfer. Wobei inzwischen bekannt ist, dass Täter in ihrer Kindheit oft selbst Opfer von sexuellem Missbrauch waren. Da kann es Übergriffe von älteren Brüdern, vom Vater, Großvater, Onkel oder sonstigen Verwandten, Freunden und Bekannten oder Nachbarn der Familie geben. Ebenso sind Täter im sozialen oder religiösen Umfeld zu finden.

Ist man Mitglied einer Familie, in der Missbrauch ein Erfahrungsfeld ist, gehen Täter und Opfer in Resonanz miteinander. Dabei muss es nicht jedes Familienmitglied gleichermaßen treffen, es ist jedoch so, dass in jeder Generation ein oder mehrere Mitglieder davon betroffen sind.

Die Erfahrungsfelder

Ein Erfahrungsfeld ist eine Ebene, in der eine Seele bestimmte thematische Erfahrungen machen kann. Diese Ebene ist verbunden mit dem Bewusstseinsraum der 7. und 8. Dimension. Hier sind alle individuellen und kollektiven Programme und Erfahrungen für unsere Lebensthemen gespeichert, ebenso alle Möglichkeiten, die es dafür gibt. Auch die eigenen gemachten Erfahrungen gehen dann in dieses Feld über. Das bedeutet auch, dass wir hier alle Lösungen finden. Es ist verbunden mit der 5. und 6. Dimension, in der die großen Wissensbibliotheken beheimatet sind. Diese erhalten dann die Anweisungen und Informationen aus den höheren Ebenen. Entscheidet sich eine Seele für eine bestimmte Erfahrung hier auf der Erde, so sind auf den höheren Ebenen, hier in der 9. Ebene, verschiedene Vorkehrungen notwendig. Sie erhält dafür eine energetische Signatur in den Genen, und darüber ist sie dann mit dem Erfahrungsfeld energetisch verbunden. Zudem wird ihr Lebensplan die astrologischen Konstellationen enthalten, die ihr die Chancen und auch die Herausforderungen für das gewählte Thema mitgeben. Sie sucht sich dann die entsprechende Familie aus, Eltern, Geschwister und sonstige Personen, mit denen sie diese Erfahrungen machen kann. Meist kennen sich die Seelen schon aus anderen Erfahrungen.

Häufig widmet man sich viele Leben lang einem bestimmten Thema, um möglichst vielfältige Erfahrungen zu machen. Die Lebenspläne und die Menschen, mit denen die irdischen Erfahrungen dann gelebt werden, können variieren, oftmals kennen sich jedoch die Seelen aus vielen Erfahrungen, wie bereits beschrieben. Man trifft immer wieder »alte Bekannte« und bekommt dann auch ein vertrautes oder auch mulmiges Gefühl, wenn man sich in einem Leben wiederbegegnet.

Es gibt unendlich viele und mächtige Erfahrungsfelder in unserem Universum, die erschaffen wurden, um bestimmte Erfahrungen hier auf der Erde zu machen. Es gibt kollektive und familiäre Erfahrungsfelder. Mit diesen stehen wir in Verbindung und in einer Wechselwirkung. Sie stehen bereit und ermöglichen uns bestimmte Erfahrungen.

Für alle Erfahrungen, die wir hier auf diesem Planeten machen wollen, gibt es diese Felder. Es gibt sie nicht nur für Menschen, sondern für alle Wesen, die ein Bewusstsein haben und sich durch Erfahrungen weiterentwickeln. Man stelle sich nur einmal vor, wie viele Informationen diese unzähligen Felder enthalten, denen wir tagtäglich ausgesetzt sind und mit denen wir korrespondieren. Bleiben wir jetzt zuerst bei dem Erfahrungsfeld von Missbrauch und Inzest.

Das Erfahrungsfeld von Missbrauch und Inzest

Entscheidet sich also eine Seele dafür, in ihrem Erdenleben die Erfahrung von Missbrauch zu machen, inkarniert sie in ein Familiensystem, das mit einem entsprechenden Erfahrungsfeld verbunden ist. Die Entscheidung findet auf der geistigen Ebene in Absprache mit unserer Seele und unserem Hohen Selbst statt.

Jetzt kann man sich natürlich fragen, wie kommt eine Seele dazu, sich für eine solche Erfahrung wie Missbrauch und Inzest zu entscheiden?

Von unserer menschlichen Sicht aus ist die Frage sicher berechtigt, und da gibt es auch keine zufriedenstellende Antwort. Auf der Seelenebene sieht es jedoch ganz anders aus. Unsere Seele möchte Erfahrungen machen. Sie unterscheidet nicht, ob es eine gute oder schlechte oder eine in menschlichen Sinne schlimme Erfahrung ist. Die Seele bewertet nicht. Für sie sind alle Erfahrungen gleich. Sie möchte Erfahrungen machen, Punkt. Und auf unserem Planeten Erde hat sie dazu ausreichend Gelegenheit, die Bandbreite der Gefühle und Emotionen, die wir hier auf der Erde in einem menschlichen Körper zu bieten haben, ist schon einmalig. Das gibt es sonst nirgends im Universum. Deshalb ist der Planet Erde auch so beliebt.

Gerade in diesen Zeiten des Wandels stehen die Seelen Schlange, um hier zu inkarnieren und den Paradigmenwechsel mitzugestalten.

Auf der geistigen Ebene entscheidet sich also unsere Seele für diese Erfahrung. Dann werden die Abmachungen mit den entsprechenden Seelen getroffen, die dann auf der irdischen Ebene daran beteiligt sein sollen. Dazu ist eine Logistik notwendig, die wir uns nicht wirklich vorstellen können. Die Seele sucht sich ein Familiensystem aus, das ein Erfahrungsfeld für Missbrauch hat, das heißt, in einer solchen Familie gibt es sowohl Täter als auch Opfer. So wird man in eine Familie geboren, die schon eine lange Tradition in diesem Bereich hat.

Auf einer rein irdischen Ebene hat man dann Eltern, die selbst oder deren nahe Familienmitglieder in irgendeiner Form Missbrauch erlebt haben, entweder Vater oder Mutter, meist sind es beide Elternteile, die eine Resonanz dazu haben. Selbst wenn ein Elternteil nicht direkt betroffen ist, gibt es in seiner Herkunftsfamilie Missbrauchsthematiken.

Oftmals sind diese gar nicht bekannt, da Missbrauch in den betroffenen Familien oft immer noch ein Tabuthema ist und wie ein Geheimnis gehütet wird. Die epigenetischen Prägungen von Missbrauch sind also in den Genen der Eltern und werden durch die Zellteilung an das neue Leben weitergegeben. So kommt das Baby schon geprägt zur Welt mit eingeschalteten Missbrauchsgenen, die Missbrauchsthematik wird ihm sozusagen in die Wiege gelegt. Nun ist die Wahrscheinlichkeit sehr hoch, dass dieses Kind in seinem Leben auch Missbrauchserfahrungen macht oder mit diesem Thema in Kontakt kommt.

Auf einer höheren Ebene wurde diese Erfahrung bewusst gewählt, auf einer irdischen Ebene wird diese jetzt durch viele scheinbare Zufälle Realität. Dies alles passiert wohlgemerkt auf einer unbewussten Ebene. Ein entscheidender Faktor dabei ist die Erfahrung, die unsere Seele machen möchte. Wenn wir in unserem irdischen Kleid als Mensch hier inkarnieren, ist uns dies alles nicht bewusst, dann legt sich der Schleier des Vergessens über alle Abmachungen. Auch dieser Schleier ist eine Codierung in unseren Genen, mit denen wir geboren werden.

Jetzt stellt sich natürlich die Frage: Wie kann ich solche menschlich schlimmen Erfahrungen verhindern – und kann ich sie überhaupt verhindern? Meine Antwort ist: ja und nein!

Zuerst einmal – nein, ich kann sie nicht verhindern. Unsere Seele sucht sich vor der Inkarnation bestimmte Erfahrungen aus, die sie machen möchte. Sie unterscheidet nicht, ob es im menschlichen Sinne gute oder schlechte Erfahrungen sind. Hat sich die Seele für diese Erfahrung entschieden, werden die Lebensumstände so sein, dass die Erfahrung aller Wahrscheinlichkeit nach gemacht wird. Es bestehen Seelenverträge mit den beteiligten Personen, die nicht so einfach gelöst werden können. Zumindest nicht mit dem Verstand. Zudem sind uns die ganzen Abmachungen nicht bewusst, wie sollen wir sie dann verhindern? All die Erfahrungen, die wir machen möchten, stehen in unserem Seelenplan für die jeweilige Inkarnation.

Viele Erfahrungen sind inkarnationsübergreifend, das heißt, dass ein bestimmtes Thema, wie beispielsweise Missbrauch, mehrere Leben umfasst. Wir machen rund um das Thema Missbrauch alle nur erdenklichen Erfahrungen, vom Täter bis zum Opfer, bis wir alles zu diesem Thema erfahren haben. Dann kann die Seele in Verbindung mit dem göttlichen Selbst entscheiden, dass es genug ist.

Nun kommt das Ja. In früheren Zeiten war es nicht möglich, eine solche Erfahrung zu verhindern bzw. Seelenverträge aufzulösen. Wir hatten uns für einen Erfahrungszyklus, der viele Leben umfasst, entschieden. Auf der irdischen Ebene war uns diese Abmachung nicht mehr bewusst und auf der höheren geistigen Ebene ging es nur um Erfahrungen. Wir hatten in der Vergangenheit auch nicht das Bewusstsein dafür, dass wir irgendeinen Einfluss auf unser Leben hätten. Wir waren auf der irdischen Ebene in einer Schwingungsfrequenz, die wir dritte Dimension nennen. Wir wussten noch nicht einmal von der Dynamik, die hinter solchen Erfahrungen und Schicksalen wirkt, geschweige denn, dass wir irgendeinen Einfluss darauf gehabt hätten. Mit zunehmender Weiterentwicklung und der damit verbundenen Erweiterung unseres Bewusstseins sind uns solche Ebenen jetzt aber zugänglich. Die Schleier lüften sich so langsam, und wir bekommen Zugang zu geistigen Ebenen, die uns solche Wahrheiten zugänglich machen.

Die Sippenseele

Jetzt ist es uns erstmals umfassend möglich, diese in uns wirkenden Dynamiken zu erkennen und damit bewusst Einfluss darauf zu nehmen. Dazu müssen wir die Zusammenhänge kennen und wissen, was zu tun ist. Möchte ein Mensch sich von den Missbrauchserfahrungen lösen und diese Erfahrung nicht mehr machen, ist das durchaus möglich. In der Vergangenheit konnte ich viele solcher Lösungen in Familien mit Genetic-Healing bewirken. Dies geschieht immer in Zusammenarbeit mit der Sippenseele.

Die Sippenseele ist eine Instanz, die darüber wacht, dass die Sippe und ihre Mitglieder sich weiterentwickeln, Vereinbarungen eingehalten werden und in einer Sippe auch bestimmte Erfahrungen gemacht werden können. Sie steht energetisch mit allen Mitgliedern einer Sippe in Kontakt. Diese übergeordnete Instanz ist in der 8. Dimension beheimatet und wirkt von dort auf die niederen Ebenen ein. Die Sippenseele ist ein Erfahrungsraum, der alle möglichen Themen und Strukturen, die als Erfahrung in den verschiedenen Ahnenlinien möglich sind, beinhaltet. So ist eine Inkarnation und die entsprechende Erfahrung auch immer nur im Einvernehmen und in Absprache mit der Sippenseele möglich.

Eigene Missbrauchserfahrung epigenetisch löschen

Entscheidet sich ein Familienmitglied aus einer Erfahrung, hier ist es die Missbrauchserfahrung, jetzt und künftig auszusteigen, ist es notwendig, diese Entscheidung bewusst und mit dem Herzen zu treffen, sie der Sippenseele mitzuteilen und den entsprechenden Seelenvertrag zu lösen. Ich habe bisher noch nie erlebt, dass die Sippenseele sich dagegengestellt hätte. Sie ist letztlich neutral und respektiert den Willen und den Wunsch der einzelnen Mitglieder, wenn diese nicht aus dem Ego, sondern aus dem Herzen kommen. Dies geschieht natürlich in Absprache mit der eigenen Seele. Bei der Person, die sich von diesem Erfahrungsfeld lösen möchte, ist es nun wichtig, energetisch alle Erfahrungen mit dem Thema, die noch unerlöst sind, zu transformieren.

Jetzt werden die entsprechenden Gene ausgeschaltet, so dass diese nicht mehr abgelesen werden können, und die genetische Signatur wird gelöscht. Dies ist ein energetisches Ritual, und die Wirkung ist sofort zu spüren. Die Person geht nicht mehr in Resonanz mit dem Thema »Missbrauch«. Durch die Deaktivierung der Gene und das Transformationsritual wird auch die Verbindung zu dem familiären Erfahrungsfeld von Missbrauch gelöst und die genetische Signatur gelöscht. Diese Information geht in die 7. und 8. Dimension über.

Missbrauch aus dem Erfahrungsfeld der gesamten Sippe löschen

Ein Familienmitglied kann bei der Sippenseele »beantragen«, ob es möglich ist, die Erfahrung von Missbrauch und Inzest nicht nur aus dem eigenen, sondern ganz aus dem Erfahrungsfeld der Sippe zu löschen. Dann wäre in dieser Familie diese Erfahrung nicht mehr möglich. In manchen Familien zeigt sich, dass über viele Generationen Erfahrungen in diesem Bereich gemacht wurden und dass es jetzt genug ist. Da kommt uns auch wieder der große Wandel, der derzeit auf unserer Erde stattfindet, zugute, denn in Zukunft werden wir andere Erfahrungen hier auf der Erde machen. Erfahrungen, die höher schwingen. Missbrauch dagegen hat eine niedrig schwingende Frequenz. Ist die Sippenseele damit einverstanden, dass sich die Sippe aus diesem Erfahrungsfeld löst, dann ist das ein großer Augenblick in der kompletten Ahnenlinie und auch bei den Nachkommen. In dieser Familie schließt sich dann der Erfahrungsraum für Missbrauch und Inzest. Das heißt, dass alle derzeit inkarnierten Seelen diese Information energetisch bekommen und in Verbindung mit ihrer Quelle ihre Zustimmung geben können.

Sie haben damit die Möglichkeit, ihre eigenen Missbrauchsthemen in diesem Erdenleben zu heilen, um davon frei zu werden. Die Seele sorgt dann für entsprechende Wege und Situationen, damit dies möglich wird. Entscheidet sich die Seele gegen einen Ausstieg und für weitere Missbrauchserfahrungen, so ist dies auch möglich. In einer künftigen Inkarnation kann sie dann jedoch nicht mehr in diese Sippe inkarnieren, da diese Erfahrung dort nicht mehr möglich ist.

In dem Lösungsritual gehe ich mit dem Klienten zusammen in Kontakt mit seiner Sippenseele. Da es nicht jedem Menschen möglich ist, Zugang zu dieser hochfrequenten Ebene zu bekommen, halte ich energetisch den Raum, damit der Klient mit seiner Sippenseele kommunizieren und sein Anliegen vorbringen kann. Ist die Sippenseele damit einverstanden, dass dieses Erfahrungsfeld in der gesamten Sippe gelöscht werden kann, beginnt die Transformationsarbeit, und die Sippenseele leitet mich durch alle Ebenen, die gelöst werden wollen.

Das Erfahrungsfeld wird komplett transformiert, ebenso die Anbindung an das Kollektiv. Die individuellen und die kollektiven Gene in der DNS werden deaktiviert. Diese Information wird dann allen Mitgliedern dieser Sippe zur Verfügung gestellt, auch den lebenden Familienmitgliedern. In dieser Familie sind dann für künftige Generationen keine Missbrauchserfahrungen mehr möglich. Nicht immer ist die Sippenseele allerdings mit einer Löschung einverstanden. Wenn zum Beispiel abzusehen ist, dass in der jetzigen Generation oder künftig noch Missbrauchserfahrungen gemacht werden wollen, dann kann das Feld nicht aus dem Sippenpool gelöscht werden.

Wir selbst haben immer die Möglichkeit, uns aus Erfahrungsfeldern zu lösen, nicht jedoch immer die gesamte Sippe. Es ist wichtig, dies zu respektieren. Hier in diesen höheren Ebenen, wo diese Entscheidungen getroffen werden, gelten andere Regeln als bei uns auf der Erde.

Je mehr sich in dieser bewegten Zeit unser Bewusstsein erweitert, desto intensiver wird unsere Verbindung zu den höheren Dimensionen. Wir bekommen immer mehr Einblick in das Spiel des Lebens und ein Gefühl dafür, wer wir sind und welchen Einfluss wir in diesem Spiel haben.

Familienkarma

Aus der jahrzehntelangen Arbeit mit Familienaufstellungen ist uns hinreichend bekannt, dass wir nicht nur äußerlich, sondern auch im Verhalten, in Glaubensmustern, Überzeugungen und Eigenschaften einzelnen Familienmitgliedern sehr ähnlich sind.

In jeder Familie und Sippe gibt es bestimmte Grundthemen, die oft über viele Generationen hinweg wirken und in jeder Generation ihre besondere Ausprägung erfahren. Die Informationen darüber werden sowohl über verinnerlichte Glaubenssätze und gemachte

Erfahrungen als auch epigenetisch über die Gene wie ein Auftrag an die Nachkommen weitergegeben. Auch wenn wir nicht so werden wollen wie unsere Eltern, geben sie und unsere weitere Familie ihre Schicksale, Erfahrungen, Glaubenssätze und Überlebensstrategien von Generation zu Generation weiter. Wir sind offensichtlich dazu bestimmt, Schicksale unserer Vorfahren zu wiederholen.

So gibt es in Familien Erfahrungen und Erlebnisse, die große Herausforderungen darstellen können, wie Missbrauch/Inzest, Schuldthemen, Armut und Mangel, Mann-Frau-Konflikte, Täter-Opfer-Dynamiken und viele weitere Schicksale. Diese Erfahrungen ziehen sich wie ein roter Faden durch die Familiengeschichten, und es ist nur schwer möglich, sich als Nachkomme davon zu lösen. Die entsprechenden Gene sind bereits im Mutterleib eingeschaltet und werden bei der Geburt, wie schon beschrieben, mit in die Wiege gelegt.

Die Familie als unser Spiegel

Unsere Seele hat auf dem Planeten Erde die Möglichkeit, unendlich viele Erfahrungen zu machen. Das ganze Spektrum der erfahrbaren Möglichkeiten. Dazu suchen wir uns noch auf der geistigen Ebene unsere Erfahrungen aus, die wir in der nächsten Inkarnation machen möchten.

Jede Sippe stellt nun besondere Möglichkeiten der Erfahrung zur Verfügung, die ihre Mitglieder machen können. Es gibt viele Erfahrungsfelder, unter anderem Missbrauch/Inzest, Sucht, Mann-Frau-Thematiken, Schuld und Scham, Minderwertigkeit, Armut und Mangel, Begrenzung und Einengung. Meist gibt es mehrere dieser Felder in einer Familie, und sie sind mindestens sieben bis acht Generationen aktiv, manchmal auch sehr viel länger. Das heißt, dass in dieser Zeit diese Erfahrungen in den Familien gemacht werden können.

Entscheidet sich die Seele auf der geistigen Ebene für eine oder mehrere dieser Erfahrungen, so wählt sie sich eine irdische Familie mit den entsprechenden Erfahrungsfeldern aus. So sind die energetischen Voraussetzungen geschaffen, um eben diese Erfahrungen in der entsprechenden Inkarnation zu machen. Die Rahmenbedingungen mit den einzelnen Personen, die dann im realen Leben an diesen Erfahrungen beteiligt sind, werden besprochen und anhand von Seelenverträgen fix gemacht. Meist kennt man sich schon aus anderen Leben und hat, besonders wenn es um menschlich sehr tiefgreifende und berührende Ereignisse geht, schon gemeinsame Erfahrungen gesammelt. So kann es sein, dass man in einem Leben Mutter und Tochter oder Bruder und Schwester war, in einem anderen Leben ist man sich als Täter und Opfer begegnet, wieder in einem anderen vielleicht als Mann und Frau. Sehr tiefgreifende Ereignisse erleben wir meist mit den gleichen Seelen, auch da schließen wir Seelenverträge ab, die, wenn sie nicht nach Abschluss der Erfahrung gekündigt werden, generations- und inkarnationsübergreifend weiterwirken. Das heißt, dass in einem nachfolgenden Leben ein Seelenvertrag noch aktiv sein kann, obwohl die Erfahrung, die er beinhaltet hatte, in dem Folgeleben nicht mehr aktuell ist.

Beispiel: Inkarnationsübergreifender Seelenvertrag

Eine Frau Ende 50 kam mit dem Anliegen, dass sie immer wieder die Verantwortung für ihren Partner übernimmt. Geht es ihm finanziell nicht gut, hilft sie ihm aus. Ist er gesundheitlich oder emotional in einem Tief, leidet sie mit ihm oder schaut nach ihm wie nach einem kleinen Kind. In vielen Alltagssituationen fühlt sie sich für ihn verantwortlich und kann sich nicht abgrenzen. Der Mann fühlte sich meistens gut damit, obwohl er mit den Jahren spürte, dass seine Männlichkeit darunter litt. Oft kam er sich wie ein Kind vor. Dies war lange Zeit sehr bequem für ihn, so dass die beiden viele Jahre lang diese Struktur lebten. Das wollte sie nun verändern, da sie spürte, dass sie durch ihre Überverantwortung auch ihren Mann schwächt und er dadurch nicht in seine Verantwortlichkeit kommen kann.

In der Genetic-Healing-Sitzung zeigte sich, dass die beiden schon in vielen Leben zusammen waren und es noch einen aktiven Seelenvertrag gab, in dem sie ihm zugesichert hatte, dass sie immer für ihn da ist und die Verantwortung für ihn übernimmt. In diesem damaligen Leben war sie seine Mutter gewesen. Die Situation konnte transformiert und der noch bestehende Seelenvertrag gelöst werden. Nun sind beide frei von den alten Bindungen und können, jeder für sich, die Verantwortung für das eigene Leben übernehmen. Solche inkarnationsübergreifenden Seelenverträge erlebe ich oft in meiner Arbeit. Sie binden an die damaligen Themen und sollten erkannt und gelöst werden.

Ungeklärte Themen erschaffen Karma

So sammelt eine Familie im Laufe der Generationen vielfältige Erfahrungen in bestimmten Lebensbereichen und lädt sich dabei auch Karma auf. Das bedeutet, dass die Taten, Schicksale, Ereignisse, die im Laufe der Jahrhunderte in den Familien erlebt und nicht geklärt werden, Spuren hinterlassen. Nicht nur als Information im Zellgedächtnis und in den Genen. Diese offenen Rechnungen werden im Sippengedächtnis der Sippenseele gespeichert. Hier sind alle Informationen wie in einer großen Datenbank hinterlegt.

Da das Leben immer auf Ausgleich bedacht ist, müssen ungeklärte Themen irgendwann ausgeglichen werden. Dafür sorgt die jeweilige Sippenseele, mit der wir, wie wir inzwischen wissen, energetisch eng verbunden sind.

Wenn zum Beispiel ein Mitglied der Familie für ein begangenes Unrecht nicht die Verantwortung übernimmt, bleibt die Schuld nicht nur in seinem, sondern auch im Informationsfeld der Sippe zurück. Dann wird die Schuld an die nächste Generation weitergegeben. Gleicht sie es nicht aus, geht es wieder an die nächste Generation und kann sich in Form von Schuldgefühlen oder tatsächlichen Schulden zeigen. Die Energie bleibt im System, bis das Thema erlöst ist. Die Nachkommen fühlen sich dann unterschwellig in vielen Situationen schuldig, obwohl sie nichts Unrechtes getan haben. Das Thema »Schuld« wird dann in irgendeiner Weise so lange in der Familie präsent bleiben, bis es erlöst ist. Das kann viele Generationen dauern. Es kann auch sein, dass die Person, die das Unrecht einst begangen hat, wieder in die Familie inkarniert und da einen Ausgleich herstellt. Ist dies nicht der Fall, greift die Information ein Nachkomme auf und nimmt sich der Thematik an. Das sind dann die Menschen, die emotionale Rucksäcke ihrer Ahnen tragen und zum Teil wütend auf die Familie sind, da diese sich nicht selbst um ihre Themen gekümmert hat.

Ich habe schon viele wütende Nachkommen erlebt, die den Ahnen ihre Päckchen am liebsten vor die Füße geworfen hätten.

Es kann auch sein, dass Familienmitglieder in einem Gefühl der Rache ihr Erdenleben verlassen haben und diese Rache wirkt weiter im Familiensystem. Es kann sein, dass in einer Generation einem oder mehreren Mitgliedern großes Unrecht geschehen ist oder dass ein Familienmitglied sich auf Kosten anderer bereichert hat. Diese Ereignisse haben immer Auswirkungen auf die nächsten Generationen.

Beispiel: Im Einklang mit der Schuld der Ahnen

Ein Mann mittleren Alters kam mit dem Anliegen, dass er so gerne finanziell erfolgreich sein würde, aber sobald seine Einnahmen ansteigen, bekommt er ein schlechtes Gewissen und fühlt sich als Betrüger, obwohl er ein rechtschaffener Mann ist, wie er sagt. Im nächsten Monat sinkt der Umsatz wieder, und er fühlt sich im Einklang mit etwas, das er nicht greifen kann.

In der Genetic-Healing-Sitzung zeigte sich, dass in der 5. Generation ein Ahne sehr wohlhabend war und sich aus Gier nach noch mehr Reichtum auf unlautere Geschäfte einließ. Viele Menschen wurden dabei um ihr Vermögen gebracht. Dieses Ereignis war noch unerlöst und wurde an die nächsten Generationen weitergegeben. Der Klient wusste von all dem nichts, er konnte sich nur erinnern, dass in seinem Elternhaus immer schlecht und abfällig über wohlhabende Menschen gesprochen wurde. Als Kind glaubte er, dass es nicht erstrebenswert sei, wohlhabend zu werden, denn das seien schlechte Menschen. Diese Überzeugung war in seinem Elternhaus manifestiert, und er trug diesen Glaubenssatz in sich. In der Genetic-Healing-Sitzung konnten die Ereignisse transformiert und die entsprechenden Genschalter deaktiviert werden.

In vielen Familien gibt es Ereignisse, die verschwiegen wurden und immer noch verschwiegen werden, sogenannte Familiengeheimnisse. All diese Erfahrungen werden, unabhängig von dem eigenen persönlichen Schicksal der Betroffenen, auch im Sippengedächtnis gespeichert. Die Sippenseele als neutrale Instanz sorgt immer dafür, dass ein Ausgleich geschaffen wird. Das sind dann oft die generationsübergreifenden Traumata, die subtil bei den Nachkommen wirken und so schwer zu erkennen und zu bearbeiten sind. In der Seelensignatur dieser Menschen ist dann ein innerer Auftrag, sich dieser offenen Familienthemen anzunehmen.

Karma der Kriege

In den beiden Weltkriegen des letzten Jahrhunderts gab es unzählige Täter und Opfer. Ein Soldat, der in den Krieg zieht, lädt nicht automatisch Schuld auf sich. Schuld in Kriegssituationen entsteht, wenn ein Beteiligter über das Maß hinaus Befehle erteilt und diese ausführen lässt. So entsteht persönliche Schuld und in Kriegssituationen auch immer eine kollektive Schuld, mit der die Beteiligten verbunden sind.

Der Ausgleich findet nicht immer im derzeitigen Leben oder der gerade inkarnierten Generation statt. In meiner Arbeit erlebe ich manchmal noch unerlöste Themen des Dreißigjährigen Krieges, die seit mehreren hundert Jahren auf Erlösung warten. Die Täter- und/oder Opferenergie wird an die nächsten Generationen weitergegeben. Da kann es dann sein, dass sich die Nachkommen unbewusst mit den Opfern verbünden und sich in ihrem Leben als Opfer fühlen. Sie erleben sich dann in vielen Lebensbereichen als Opfer. Immer wieder kommen sie in Situationen, in denen sie nicht das bekommen, was sie sich von Herzen wünschen, und machen andere dafür verantwortlich. Das zieht sich wie ein roter Faden durch das Leben. Es kann auch sein, dass sich die Nachkommen mit der Täterenergie verbinden und selbst zum Täter werden. Menschliche Schicksale und emotional tief gehende Ereignisse haben immer Folgen für uns, die Familie und das Kollektiv.

Lösen von Familienkarma

Es gibt Menschen, die haben in ihrer seelischen Signatur den Auftrag, Familienkarma zu erlösen. Das sind meist unerlöste Ereignisse, die schon seit vielen Generationen wirken und das gesamte System belasten. Dies ist immer dann der Fall, wenn jemand aus dem System schwere Schuld auf sich geladen hat oder sich auf Kosten anderer bereichert hat. Unrecht hat immer Folgen und will, so gut es geht, ausgeglichen werden. In einer solchen Familie ist dann bei den meisten Mitgliedern eine besondere Schwere zu spüren. Oftmals gibt es auch Krankheiten, Unfälle oder sonstige Ereignisse, die das Leben nicht einfach machen. Eine betroffene Klientin sagte einmal: »Was müssen meine Vorfahren angestellt haben, dass es unserer gesamten Familie so schlecht geht?«

Beispiel: Familienkarma als Aufgabe

Bevor wir eine Genetic-Healing-Sitzung durchführen, bekommt der Klient einen Fragebogen, in dem es um die Ereignisse in der

Familie geht. Hier sind besondere Schicksale wie Todgeburten, ein früher Tod von Angehörigen, Selbstmord, Kontaktabbrüche innerhalb der Familie, Kriegsschicksale, außereheliche Kinder, Trennungen, Scheidungen, Unrecht, Mord, Schuld usw. relevant, denn es sind immer solche Ereignisse, die Spuren in den Genen hinterlassen und dann zu bestimmten Verhaltensweisen führen.

Die oben erwähnte Klientin sagte gleich zu Beginn der Sitzung: »Bei uns trifft alles zu. Ich habe schon vor Jahren den Kontakt zu meinen Eltern abgebrochen, da ich immer nur Vorwürfe zu hören bekam. Ich war der Grund für die frühe Heirat meiner Eltern, und auch da sprachen sie mich ›schuldig‹. Das bekam ich seit meiner Kindheit immer wieder mitgeteilt. Es war viel Gewalt in unserer Familie, sowohl von der Mutter als auch vom Vater. Meine beiden jüngeren Geschwister und ich wurden geschlagen und bekamen Strafen, die gegen jegliche menschliche Würde waren.« Ihre jüngste Schwester litt schon seit ihrer Jugendzeit an Schizophrenie und war in einer psychiatrischen Einrichtung untergebracht. Auch zu ihr gab es keinen Kontakt. Die nach ihr geborene Schwester kam im Alter von zehn Jahren durch einen tragischen Verkehrsunfall ums Leben. Von ihrer Herkunftsfamilie wusste sie nicht viel, da in ihrem Elternhaus nur abfällig von den Großeltern, Onkeln und Tanten gesprochen wurde und sie keinen Kontakt hatten. Sie wusste nicht einmal die Namen ihrer Großeltern. Von einer Tante väterlicherseits hatte sie einmal erfahren, dass die Vorfahren wohl aus dem Balkangebiet stammten und von dort verschleppt worden waren. Nähere Einzelheiten traute sie sich nicht zu erfragen. Sie hatte das Gefühl, dass die gesamte Last ihrer Ahnen auf ihren Schultern lag. Sie fühlte sich seit Jahren müde, depressiv und unfähig, einer Arbeit nachzugehen. Bereits mit Anfang vierzig bekam sie Rente, da sie nicht mehr fähig war zu arbeiten. Auch ihre

Eltern waren beide aufgrund ihrer langen Krankengeschichte schon früh berentet worden. Es war der gesamten Familie nicht möglich, ein selbstverantwortliches Leben zu führen.

In der Genetic-Healing-Sitzung zeigte sich ganz deutlich der Ruf ihrer Ahnen. Es gab viele unerlöste Schicksale, die wie dunkle Wolken über dem gesamten System schwebten. Es gab sowohl in der mütterlichen als auch in der väterlichen Ahnenlinie Ereignisse, die sich im Laufe der Generationen als Familienkarma angesammelt hatten. Dabei wirkte in der mütterlichen Linie die Täterstruktur. Im Ursprungsereignis zeigte sich, dass die Vorfahren aktiv an einem Sklavenhandel mit Kindern beteiligt gewesen waren. Viel Leid und Schmerz konnte transformiert werden. Die Täter zeigten viel Mitgefühl und übernahmen die Verantwortung für diese Erfahrung, sogleich war eine versöhnliche Energie zu spüren. Die Klientin meinte spontan, dass sie jetzt auch verstehe, dass sich die Familie nicht fortsetze, denn es gibt keine Nachkommen, weder in ihrer eigenen Herkunftsfamilie noch bei den noch lebenden Tanten und Onkeln. Auch sie selbst hatte keine Kinder und war in ihrem Leben noch nie eine Beziehung mit einem Mann eingegangen. Die Sippenseele hatte offensichtlich dafür gesorgt, dass dieses Schicksal nicht weitergetragen wird.

In einer weiteren Sitzung konnte in der väterlichen Ahnenlinie viel Heilung geschehen, denn hier gab es Opferstrukturen, die seit acht Generationen wirkten. Die Klientin spürte sehr deutlich, dass es ihre Aufgabe war, Licht in diese unerlösten Schicksale zu bringen und sie zu heilen. Niemand sonst in ihrer Familie hatte ein Bewusstsein für die Zusammenhänge von Ursache und Wirkung, von Karma und den geistigen Gesetzen. Es zeigte sich in den Sitzungen auch, dass es mehrere Seelenverträge mit den Ahnen gab, in denen vereinbart wurde, dass es eine ihrer Aufgaben ist, das Karma zu erlösen. Intuitiv hatte sie gespürt, dass es so eine Abmachung geben musste, da sie sich sehr oft verantwortlich für die Familie fühlte und sich immer wieder den Herausforderungen stellte. Die Seelenverträge konnten im Einvernehmen mit der Sippenseele gelöst werden, so dass nicht nur sie, sondern auch die Ahnenreihe frei von den karmischen Lasten werden konnte.

Es brauchte jedoch einige Zeit und mehrere Sitzungen, damit sie mit den Themen in Frieden kommen konnte und dieser Frieden auch bei den Ahnen zu spüren war. Ob sich das Verhältnis zu den Eltern verändert, bleibt abzuwarten. Irgendwann erreicht die heilende Transformation auch die Seelen ihrer Eltern und die der noch lebenden Verwandten. Es gab da in der Vergangenheit schon sehr großartige Wendungen in den Familien.

Sie selbst hatte sich schon sehr früh in ihrem Leben für geistig-spirituelle Themen interessiert, viel darüber gelesen und immer wieder nach Lösungen gesucht. »Ich hätte das Leben sonst nicht ausgehalten«, sagte sie einmal. Mehr als einmal hatte sie an Selbstmord gedacht, wusste jedoch innerlich, dass das nicht die Lösung für sie ist.

Von daher war sie sehr dankbar, dass sie Stück für Stück das Leid ihrer Vorfahren und damit natürlich auch ihr eigenes erlösen konnte. Tief in ihrem Herzen hat sie den Glauben, dass sich ihr Leben doch noch zum Guten hin entwickeln wird.

In dieser Zeit des großen Wandels und der enormen Veränderungen auf der Erde ist es vielen Seelen ein großes Bedürfnis, dass das Familienkarma erlöst wird und Erfahrungen wie Mangel, Missbrauch oder Täter- und Opferstrukturen aus dem Erfahrungsfeld der Sippe gelöscht werden. Die Sippenseele sorgt schon vor der irdischen Inkarnation einer Seele dafür, dass sie auch bereit für diese Aufgabe ist und sich bewusst dafür entscheidet, sich dem Familienkarma mit all den Aufgaben, die dazugehören, anzunehmen. Gibt die Seele ihre Zustimmung für diese große Aufgabe, kann sie in die entsprechende Familie inkarnieren. Sie enthält dann die energetische Seelensignatur, um mit den zu erlösenden Themen in Resonanz zu gehen. Meist kommt sie aus der gleichen Ahnenlinie, so dass sie die Gegebenheiten der Familie schon kennt und epigenetisch geprägt ist.

So ist zu beobachten, dass sich dann viele Synchronizitäten ergeben, damit die Person Gelegenheit bekommt, mit den Familienthemen in Kontakt zu kommen. Hat sie das Bewusstsein für ihre Aufgabe, geht alles viel leichter. Sie weiß dann, dass sie ihrer Aufgabe nicht ausweichen kann. Sie hat ja ihre Entscheidung schon vorher getroffen. Von einer befreundeten Astrologin weiß ich, dass diese Aufgabe auch im jeweiligen Horoskop zu sehen und zum Teil sehr genau und detailliert zu lesen ist.

Hat jemand Widerstand gegen diese Aufgabe, was sehr häufig vorkommt, vor allem wenn kein Bewusstsein für die energetischen Zusammenhänge besteht, wird es schwer und kann sich über viele Jahrzehnte hinziehen. Diese Menschen leben dann die vorhandenen karmischen Muster in sehr intensiver Form im eigenen Leben aus. Oft sind sie sehr zerstritten mit der Familie und geben ihr die Schuld für ihr unerfülltes Leben. Da ist es schwer, mit guten Worten zur Einsicht beizutragen.

Meist sind es dramatische Ereignisse in ihrem Leben, die dann zu einer Wende führen und einen inneren Punkt der Selbstverantwortung berühren.

Wird das Familienkarma erlöst, können die Seelenverträge, die uns viele Leben karmisch an eine Sippe gebunden haben, endlich aufgelöst werden, damit alle Beteiligten frei werden. Es gibt in diesen Jahren ein großes Zeitfenster mit viel Lösungsenergie dafür. Deshalb zeigen sich vermehrt die unerlösten Themen, und sie können sehr viel schneller und, vor allem dank neuer Methoden, viel leichter transformiert werden als all die Jahre zuvor.

Oftmals ist es auch möglich, diese über viele Generationen wirkenden Schicksale ganz aus dem Erfahrungsfeld einer Sippe zu löschen. Dies ist eine große Befreiung für alle Seelen dieser Linie, unabhängig davon, auf welcher Ebene sie sich gerade befinden.

Seelenverträge

Wir schließen in unserem Leben viele Verträge ab, um Dinge zu regeln und für beide Seiten klare Richtlinien festzulegen. Wenn wir eine Wohnung mieten, gibt es einen Mietvertrag, darin werden alle wichtigen Dinge für beide Seiten geregelt. Wenn wir Anschaffungen machen, gibt es einen Kaufvertrag. Selbst wenn wir beim Bäcker ein Brot kaufen, ist dies ein mündlicher Kaufvertrag. Verträge sind für beide Seiten bindend und wirken so lange, bis sie gekündigt werden.

Es gibt Seelenverträge, die schließen wir vor unserer Inkarnation hier auf der Erde ab. Diese sind uns in der Regel nicht mehr bewusst. Mit den Menschen, die dann in unser Leben kommen, haben wir besondere Vereinbarungen. Sie dienen unserem Wachstum und begleiten uns unterschiedlich lange auf unserem Lebensweg.

In einer Liebesbeziehung beispielsweise geloben wir Treue und immer füreinander da zu sein. Solche Verträge wirken über viele Leben hinweg, wenn sie nicht bewusst gekündigt werden. Viele Verträge jedoch schließen wir unbewusst ab. Wenn wir zum Beispiel ein schlimmes Erlebnis haben und uns sagen: »Das passiert mir nie wieder!« Dann ist das ein Versprechen, das einem Seelenvertrag gleichkommt, ebenso wie Schwüre, Eide und Gelübde. Ich konnte in den letzten Jahrzehnten unendlich viele Seelenverträge bei meinen Klienten lösen, die an zum Teil jahrhundertealte Versprechen gebunden waren und in diesem Leben ein großes Hindernis darstellten.

Seelenverträge, die mit kirchlichen Institutionen geschlossen wurden, wirken noch bei vielen Menschen und binden sie an Keuschheitsgelübde. Das kann enorme Auswirkungen auf unsere Sexualität und auf unsere Beziehungen generell haben. Auch Armutsgelübde, die früher bei einem Eintritt in ein Kloster oder einen kirchlichen Orden abgelegt wurden, machen es oft nicht möglich, ein Leben in Fülle und Wohlstand zu leben. Diese Gelübde sind bindend und wirken inkarnationsübergreifend. Auch früher gegebene Schweigegelübde wirken oft seit Jahrhunderten, verschließen das Halschakra und hindern daran, sich selbst auszudrücken.

Dann gibt es Seelenverträge, die unter Zwang und Folter geschlossen wurden. In Zeiten der Inquisition mussten viele Frauen und Männer ihren spirituellen oder heilerischen Fähigkeiten abschwören. Sie mussten schwören, dass sie mit dem Teufel im Bunde waren und dass sie ihre Lehren nie wieder verbreiten würden. Dies hat zur Folge, dass die heutigen Heilerinnen und Heiler sich oft nicht trauen, an die Öffentlichkeit zu gehen, sich zu zeigen und zu ihren Fähigkeiten zu stehen. Viele Heil- und Energiearbeiter sowie Coaches sind noch an solche Verträge gebunden und können deshalb nicht erfolgreich sein. Sie haben sehr viel Wissen in sich, können es jedoch nicht mit der Welt teilen, weil alte Seelenverträge es verhindern.

Als Information ist dann gespeichert: Wenn ich mich mit meinen Fähigkeiten zeige, kann mich das mein Leben kosten. So sorgt dann das eigene System dafür, dass man möglichst im Hintergrund bleibt und die eigenen Gaben vor der Öffentlichkeit zurückhält.

Da wir in allen Teilen des Universums helle und dunkle Erfahrungen machen, ist es naheliegend, dass wir auch mit der dunklen Seite Seelenverträge geschlossen haben. Um die Erfahrung von Macht und Manipulation zu erleben, haben wir unsere Seele verkauft, und manchmal sind noch Anteile davon in schwarzmagischen Ritualen an die dunkle Seite gebunden. Die Folge davon ist, dass wir mit energetischen Schnüren dort angebunden sind und nicht ganz dem Licht dienen können. Wir werden dann in bestimmten Situationen wie mit einem Gummiband von lichtvollen oder auch von spirituellen Erfahrungen zurückgezogen und können uns nicht ganz dem Licht und unserer derzeitigen Aufgabe hingeben, da diese Anbindungen zuvor erlöst werden wollen. Es ist eine große Chance für uns, gerade jetzt in dieser Zeit diese Erfahrungen zu heilen, da jetzt viele Lichtarbeiter gebraucht werden.

Von daher ist es immer hilfreich, wenn wir im Leben an Hindernisse oder Grenzen kommen, nachzuspüren, ob es noch wirkende Seelenverträge gibt.

Ich habe ein sehr kraftvolles Ritual, um Seelenverträge aufzulösen, das ich gerne mit dir teilen möchte. Das Auflösungsritual ist sehr umfassend und kraftvoll.

Ritual zur Auflösung von Seelenverträgen

Name der Person nennen – oder sich selbst –, mit der ein Seelenvertrag gelöst werden soll, und das Thema oder die Struktur, die gelöst werden soll, klar benennen. Setze oder stelle dich mit aufrechter Wirbelsäule hin und sei klar in der Absicht, jetzt einen Seelenvertrag aufzulösen. Verbinde dich mit der Erde und deiner Quelle und fühle deine Schöpferkraft. Über den Atem kannst du dich mit Himmel und Erde verbinden. Sprich den Auflösungsvertrag laut aus.

> »Ich entscheide mich jetzt, alle noch geltenden Seelenverträge, ebenso alle Eide, Schwüre, Banne, Versprechen, Gelübde, Flüche, Verwünschungen und sonstigen Vereinbarungen, die mir jetzt nicht mehr dienen, mit mir und den entsprechenden Personen, Institutionen und Wesenheiten kraft meiner klaren Absicht aufzulösen, mich von allen möglichen Verpflichtungen aus ihnen zu entbinden, damit ich vollkommen frei bin, meinen individuellen Weg im Rahmen meines eigenen Lebensplanes in vollkommener Freiheit zu gehen.
>
> Ich löse alle Seelenverträge zu diesem Thema auf, die ich jemals geschlossen habe, wann, wo, welchen Inhaltes und mit wem auch immer. Ich entbinde alle damit verbundenen anderen Vertragsparteien, Seelenanteile, Wesenheiten, Energiepotenziale von meiner Seite aus von ihren Verpflichtungen, sofern es solche noch gibt, und stehe niemandem mehr zur Verfügung.

Ich gebe alles zurück, was ich an Machtpotenzialen, speziellen Informationen, Hilfsmitteln, persönlichen Bereicherungen, besonderen Energien, Fähigkeiten und Fertigkeiten aus diesen Seelenverträgen bekommen habe.

Alle eigenen und noch als Energiepotenzial existenten Persönlichkeits- und Seelenanteile nehme ich in Licht und Liebe an und integriere sie vollständig in mein eigenes Sein. Alle noch vorhandenen, negativ-polarisierten Energiepotenziale, Verdichtungen, Seelenanteile, Verbindungsfäden und Bänder, wann, wo, wie, in welcher Art und mit wem auch immer geknüpft, löse ich mit meiner klaren Absicht auf und gebe sie mit Dank für diese Erfahrung an das Universum zurück.

Ich lösche hiermit alle energetischen Verbindungen und Verdichtungen, Informationspotenziale und Daten aus meiner Aura, aus meiner Akasha-Chronik sowie aus allen Körperzellen, den Genen, dem Zellgedächtnis und allen Ebenen, die mit den soeben aufgelösten Verträgen und Individualanteilen verbunden waren. Ich lösche die dazugehörigen Speicher- und Sicherungskopien mit allen infoenergetischen Abdrücken sowie alle Auswirkungen und Nebenwirkungen.

Ich bin jetzt frei, meinen individuellen Weg im Rahmen meines eigenen Seelenplanes zu gehen, zu meinem höchsten Wohle und zum Wohle aller.

Ich bitte alle Betroffenen um Vergebung.

Ich vergebe ihnen und ich vergebe mir selbst.

So ist es. Jetzt, danke.«

Dieses kraftvolle Lösungsritual kann für alle noch bestehenden Verträge angewendet werden. Es ist sehr umfassend und schon beim Sprechen ist die Erleichterung zu spüren.

Neue Erfahrungsfelder aktivieren

Es war lange Zeit unser Schicksal, an die alten Erfahrungsfelder gebunden zu sein. Jetzt, da wir das Wissen und die Wirkung dieser Felder kennen, sollten wir sie nach und nach verändern und uns an die positiven Felder anschließen.

Wir können jederzeit neue, positive Erfahrungsfelder im Sinne des neuen Bewusstseins aktivieren, damit unsere eigene und die Sippenerfahrung eine Wendung entsprechend der neuen Zeit nehmen kann. Ebenso können individuelle Potenziale in den Genen aktiviert werden, um nach und nach das zu leben, was jetzt dem Herzensweg entspricht. Dies wird unsere DNS komplett verändern, so dass wir die Möglichkeit haben, ganz neue Erfahrungen in unserer Sippe und in unserem eigenen Leben zu manifestieren.

Wie schon erwähnt, stehen die Gene in direkter Verbindung mit den Erfahrungsfeldern. Werden zum Beispiel die Gene der Selbstliebe, der Lebensfreude, der Leichtigkeit aktiviert, entstehen die Verbindungen zu den entsprechenden Erfahrungsfeldern. Dadurch kann sich eine ganz neue Lebensausrichtung ergeben und die eigene Schwingungsfrequenz erfährt kontinuierlich eine Erhöhung.

Wichtig ist dabei, dass nach einer Aktivierung das neue Feld beseelt wird. Das bedeutet, dass ich mich ganz bewusst immer wieder mit dem neuen Erfahrungsfeld verbinde, indem ich es fühle. Dass ich die Selbstliebe fühle, die Lebensfreude, die Leichtigkeit. Mindestens 21 Tage lang. So lange braucht unser Unterbewusstsein, bis es neue Programme lernt und sie manifestiert. Danach ist es immer wieder unterstützend, dieses Feld bewusst zu spüren und die Aufmerksamkeit so oft wie möglich hinzulenken. Dadurch erweitern und vergrößern wir das Feld, und die Energie in uns vergrößert sich dadurch.

Gerade an Tagen, an denen es uns vielleicht nicht so gut geht oder wir mit niedrig schwingenden Themen in Kontakt kommen, ist es eine gute Möglichkeit, sich ganz bewusst mit solch hoch schwingenden Feldern zu verbinden, um die eigene Energie wieder anzuheben. Das kannst du zum Beispiel unterstützen, indem du ein positives Wort auf ein weißes Blatt schreibst und dann dein Wasserglas darauf stellst. Wasser ist ein starker Energieleiter. Das Wasser nimmt nach kurzer Zeit schon die Energie der Wortschwingung auf, und du nimmst über das Wasser dann die Selbstliebe, die Lebensfreude und Leichtigkeit in dich auf. So kannst du selbst den Integrationsprozess unterstützen.

Generationsübergreifende Transformation

Wenn ich im Ahnenfeld arbeite und mit den unerlösten Themen, die schon viele Generationen wirken, in Kontakt komme, spüre ich die Not unserer Vorfahren. Sie haben in dem Bereich, in dem sie sich jetzt aufhalten, nicht die Möglichkeit, die Erfahrungen der irdischen Ebene zu bearbeiten. Von daher sind sie darauf angewiesen, dass die Nachkommen die unerlösten Themen aufgreifen und transformieren, sofern das möglich ist. Es gibt durchaus Ereignisse, die man selbst klären muss und die man aus früheren Leben mitbringt. Das sind dann sogenannte karmagenetische Prägungen. Auch diese Erfahrungen sind in den Genen codiert und melden sich irgendwann in unserem Leben als Blockaden oder Hindernisse.

Die indigenen Völker sind der Ansicht, dass wir von sieben Generationen geprägt sind und dass wir wiederum sieben Generationen prägen. Das kann ich aus meiner jahrelangen Arbeit mit Familienaufstellungen und jetzt auch mit Genetic-Healing bestätigen. Ich gehe sogar so weit zu sagen, dass die Anbindung an die Schicksale der Ahnenlinie noch sehr viel weiter geht. In Genetic-Healing-Sitzungen, in denen ich immer bis zum Ursprungsereignis zurückgehe, zeigt sich oft, dass bestimmte Traumata nach 20 Generationen oder mehr immer noch als Informationen in den Zellen gespeichert sind. Dabei kommt es natürlich auf das seelische Gewicht eines Ereignisses an.

Je schwerer und traumatischer das Ereignis war, desto schwerer ist das seelische Gewicht und desto länger und intensiver wirkt es bei den Nachkommen. Wurde beispielsweise durch einen Überfall der Großteil einer Familie ausgelöscht, hat das traumatische Folgen für die Überlebenden und die Nachkommen. Es kam in früheren Jahrhunderten häufig vor, dass plündernde Horden durch die Lande zogen und ganze Dörfer ausraubten, niederbrannten und die Bewohner umbrachten. Es gibt auf unserer Erde immer noch Regionen, in denen solche schlimmen Taten passieren. Solche Ereignisse verschwinden nicht einfach aus der Zellerinnerung. Daraus entstehen bei den Nachkommen Strukturen und Verhaltensmuster, die ein solch schlimmes Erlebnis verhindern sollen.

In solchen Familien haben sich dann unter anderem Ängste, Vorbehalte gegenüber Fremden, besondere Vorsichtsmaßnahmen, was den Schutz von Haus und Hof betrifft, oder auch Hilflosigkeit gegenüber dem Leben manifestiert. In alltäglichen Situationen werden dann Gefahren gesehen, die für Außenstehende oft nicht nachvollziehbar sind. Diese Vorsichtsmaßnahmen, die sicherlich ihre Berechtigung hatten und in bestimmten Bereichen auch heute noch haben, können mit der Zeit jedoch zu großen Hindernissen werden, begrenzen sie doch die eigene Weiterentwicklung; Sie lassen ein neues Welt- und Menschenbild nur schwer zu. Die Anbindung an das Erfahrungsfeld der Angst ist da sehr präsent und hält dieses Programm aufrecht.

Zum Glück kommen in jeder Generation durch die Paarung auch neue Informationen in eine Sippe hinzu. Von daher verändert sich das Schlimme und ebenso das Gute in einer Generation. Auch der Umgang mit epigenetischen Prägungen kann sich so verändern. Das kann sich positiv auswirken oder die Themen verschlimmern, je nachdem wie die Strukturen des Paares sind, die das neue Leben zeugen.

Kommt ein genetisch kraftvoller Partner in ein energetisch schwächeres oder ängstliches Familiensystem, kann sich dadurch vieles verändern; den epigenetischen Prägungen werden neue Informationen hinzugefügt. Da das Umfeld die Funktionsweise unserer Gene steuert, hat dies dann auch Auswirkungen auf die Gene.

Die gespeicherten Traumata werden dadurch nicht aufgelöst, der Umgang damit kann sich jedoch verändern und große Erleichterung bei den Nachkommen bewirken, die sich dann auch wieder epigenetisch zeigt, indem sie die Methylierung an den Genen verändert. Auch diese positive Veränderung wird dann an die Nachkommen weitergegeben. Irgendwann einmal ist es dann nicht mehr nachvollziehbar, weshalb jemand unter Ängsten oder Panikattacken leidet, der in seinem eigenen Leben nichts dergleichen erlebt hat. Das Trauma ist jedoch als Zellerinnerung in den Genen gespeichert und wartet auf Erlösung.

Kommt ein genetisch schwacher Partner in ein kraftvolles Familiensystem, besteht die Möglichkeit einer heilenden Veränderung seiner Persönlichkeitsstrukturen und der entsprechenden Methylierung seiner Gene hin zum Positiven. Die epigenetischen

Prägungen können jedoch auch so belastend sein, dass sie das kraftvolle System derart beeinflussen, dass dieses ebenfalls geschwächt wird.

Manchmal trennen sich Paare, die das schwere Schicksal ihres Partners nicht mehr mittragen können. Im Außen sind das oft ganz andere Gründe für die Trennung. In der Tiefe wirken jedoch Hindernisse und Blockaden, die eine gemeinsame partnerschaftliche Weiterentwicklung nicht mehr zulassen. Werden solche Muster rechtzeitig gespürt und die Notwendigkeit einer Veränderung erkannt, können sie bearbeitet und gelöst werden und die Paarbeziehung bekommt eine neue Chance.

Dazu ist es notwendig, dass beide Partner ihren Beitrag leisten und die Verantwortung für die Paarbeziehung übernehmen – und vor allem auch für die emotionalen Rucksäcke, die jeder von seinen Ahnen mitträgt. Sie dürfen sich die eigenen Blockaden sowie die Bindungen und Verstrickungen mit ihrer Herkunftsfamilie anschauen, um frei zu werden von den Belastungen der Vergangenheit. Dann kann die Partnerschaft eine neue Ausrichtung bekommen, von der dann auch die Nachkommen profitieren. All unsere Begrenzungen und hindernden Programme, die wir für uns selbst erlösen, machen auch unsere Nachkommen frei.

Wenn ein Klient, mit welchen Symptomen auch immer, zu mir kommt, ist das für mich ein Hinweis, dass in der Tiefe noch ein eigenes, ein karmisches oder ein epigenetisch vererbtes unerlöstes Thema wirkt, das sich durch diese Symptomatik bemerkbar macht. Ein Symptom ist immer eine Hilferuf und eine Überlebensstrategie und sollte in seiner Bedeutung ernst genommen werden. In der Verbindung mit dem Ursprungsereignis wird dann sehr schnell deutlich, um was es geht und was jetzt erlöst werden will. Da zeigt sich sehr klar, wo der Ursprung des Traumas liegt.

Die Transformation findet dann zuerst in dem Energiefeld statt, in der das Ereignis stattfand. Das kann wie gesagt im eigenen Leben, in einer vorherigen Generation oder in einem früheren Leben sein. Manchmal hat es auch Verbindungspunkte zu allen drei Ebenen. Ist es in der Ahnenlinie passiert, werden die Informationen der Heilung und die Löschung aus dem Genom allen Generationen zur Verfügung gestellt. Das ist eine fast unvorstellbare Anzahl an Seelen, die dann alle die Möglichkeit haben, die heilende Energie zu empfangen und von den traumatischen Folgen erlöst zu werden.

10 Generationen umfassen einen Zeitraum von ca. 250 Jahren, wenn man 25 Jahre für eine Generation zugrunde legt. Nimmt man nur die Elternpaare dieser Vorfahren, kommt man auf 1024 Personen. Bei 20 Generationen und ca. 500 Jahren sind es 1.048.578 Personen. 20 Generationen sind über eine Million Eltern! Nimmt man noch die Kinder, Onkel, Tanten dazu, kommen wir auf viele Millionen Vorfahren in 20 Generationen. (Informationen aus der Kekule-Liste)

Nach der biologischen Abstammungstheorie sind alle Menschen miteinander blutsverwandt. Die archäologische Vererbungslehre hat in Modellen errechnet, dass die letzten gemeinsamen Vorfahren aller heute lebenden Menschen in Afrika leben. Die gesamte Weltbevölkerung ist demnach durch eine riesige Ahnengemeinschaft genetisch sehr eng miteinander verwandt. Von daher ist die Annahme, dass wir alle miteinander verbunden sind, keine esoterische Floskel, sondern eine wissenschaftliche Tatsache.

Verbunden damit ist die Gewissheit: Wenn ich als Frau für mich ein Thema heile, heile ich es für alle Frauen dieser Welt. Wenn ein Mann für sich ein Thema heilt, heilt er es für alle Männer dieser Welt. So profitiert jeder von jedem.

Millionen von Menschen können somit von einer Genetic-Healing-Transformation profitieren. Das ist für mich immer wieder eine geniale Vorstellung.

Gerade in Anbetracht der vielen schlimmen Ereignisse, die in der Vergangenheit passiert sind und die immer noch tagtäglich passieren, gibt es doch eine große Hoffnung auf weitreichende und umfassende Heilung unserer menschlichen Erfahrungen.

Unsere wichtigsten Aufgaben in dieser Zeit

In dieser Zeit des Aufstiegs von der 3. in die 5. Dimension sind wir alle gefordert, uns auszurichten auf das, was uns wirklich wichtig ist, damit wir diesen Bewusstseinssprung schaffen. Viele tausend Jahre Dualität haben uns geprägt und zu dem gemacht, was wir zum großen Teil noch sind: abhängige Wesen, die versklavt sind, die einen ganz kleinen Ausschnitt dessen wahrnehmen, was die Realität zu sein scheint, und die immer noch unendlich viele Zweifel daran haben, dass dies ein selbst erschaffenes Spiel ist, für das jeder und jede von uns die eigene Verantwortung trägt. Unser jeweiliger Entwicklungszustand bestimmt die Grenze unserer Wahrnehmung.

Unsere Glaubenssysteme, unsere Überzeugungen und unsere Haltung uns selbst und den Mitmenschen gegenüber kommen in der unendlichen Vielfalt tagtäglich in unserem Leben zum Ausdruck. Durch unsere Entscheidungen, bewusst oder unbewusst getroffen, erschaffen wir uns unsere Zukunft. Das wird seit Jahrzehnten in allen spirituellen Schulen gelehrt, und es gibt unendlich viele Seminare, Vorträge und Bücher zu diesem Thema. Wer ein wirkliches Interesse an einer tiefgreifenden Veränderung hat, wird, gerade in diesen

Zeiten, mit Sicherheit fündig. Es ist natürlich notwendig, die eigene Komfortzone zu verlassen und eine mutige Entscheidung zu treffen. Wir nutzen in unseren Genetic-Healing-Sitzungen den Satz: »Ich gebe alles zur Heilung frei, was mir, meinem Leben und meiner Seele jetzt nicht mehr dient.« Diese Entscheidung, tief aus dem Herzen getroffen, öffnet die Türen für alles, was jetzt transformiert werden kann.

Eines der größten Hindernisse in unserem Aufwachprozess sind die Lehren vieler Religionen und gesellschaftlichen Traditionen. Unser menschliches Wesen ist durch Schuld, Scham, Urteile und Bewertungen gefangen und kann so das ihm innewohnende Potenzial nicht entfalten. Die zunehmende Manipulation durch Medien und rücksichtslose Unternehmen, die weder Lebewesen noch den Planeten Erde achten und respektieren, ist ein weiteres Hindernis auf dem Weg in eine neue Gemeinschaft von bewussten Weltenbürgern. Es sollte höchste Priorität haben, die globalen Verzerrungen zu durchschauen und immer mehr zu erkennen, dass wir Schöpferwesen sind, die gerade erwachen und die die Macht haben, das Paradies wieder zu erschaffen.

Wir befinden uns in einer globalen Transformationszeit, und es ist zu beobachten, dass alles sehr viel schneller geht als noch vor einigen Jahren. Das kommt uns in unseren eigenen Prozessen natürlich zugute. Wir brauchen uns nicht mehr chronologisch ein Thema nach dem anderen anzuschauen und es in einer linearen Zeitlinie abzuarbeiten. Heute geht es darum, Strukturen, die sich aus traumatischen Ereignissen gebildet haben, zu erkennen und diese dann im Ursprung zu transformieren. Die Strukturen, Glaubenssysteme und Überzeugungen, die sich als Folge der traumatischen Situation manifestiert haben, sind es dann letztendlich, die über Generationen weiterwirken. Diese transformierte Information wird dann allen energetischen Ebenen und den Generationen zur Verfügung gestellt.

Diese Form der Transformation ist sehr viel umfassender und bezieht alle Generationen und die gemachten Erfahrungen dieser Struktur in verschiedenen Zeitlinien und feinstofflichen Ebenen mit ein. Geben wir diese transformierte Information auch an unsere Nachkommen weiter, können auch sie frei werden und müssen diese Endlosschleifen nicht mehr wiederholen.

Wechseln der Zeitlinie

Ich gehe hier noch einmal auf das Thema »Zeitlinien« ein, da das gerade eine große Bedeutung für uns hat und richtungsweisend für den Evolutionsprozess unserer Erde ist.

Ein neues Zeitalter hat begonnen, und wir können jetzt bewusst wählen, in welcher Welt wir unser weiteres Leben verbringen wollen. Diese Chance, die Zeitlinie bewusst zu wechseln, ist einmalig auf unserer Erde und hat Auswirkungen auf unsere weiteren Inkarnationen. Wir müssen sie allerdings bewusst wählen, denn ein Großteil der Menschen geht den Weg der Angst und Abhängigkeit, und dieser Weg wird sich im Kollektiv manifestieren. Das ist die derzeitige Zeitlinie. Die neue Zeitlinie kann jede und jeder von uns mit erschaffen, indem wir uns auf Selbstverantwortung, Liebe, Vertrauen und ein achtungsvolles Miteinander ausrichten und dies leben. Ich nenne es die Zeitlinie der Herzintelligenz.

Aus der Forschung der Epigenetik wissen wir, dass unsere Erfahrungen, unser Umfeld, unsere Lebensausrichtung in den Genen gespeichert wird und Einfluss auf unsere Nachkommen und unsere weiteren Inkarnationen hat.

Wir alle haben jetzt die Möglichkeit, uns neu auszurichten und tatsächlich das Paradies auf Erden wieder zum Erblühen zu bringen.

Über die Autorin

Gabriele A. Petrig ist Gründerin des Instituts für Aufstellungen und Neues Bewusstsein und begleitet seit mehr als 33 Jahren Menschen auf ihrem Weg zu persönlichem und spirituellem Wachstum. Sie ist Expertin für systemische Aufstellungen und öffnet mit der hochenergetischen Methode »Genetic Healing« Türen in das neue Bewusstsein. Indem sie die Epigenetik in ihre energetische Arbeit mit einbezieht und so bis auf Genebene generationsübergreifende und karmische Lösungen herbeiführt, geschieht eine erlösende Veränderung im familiären und kollektiven Feld.

Sie gibt ihr Wissen in Seminaren oder Ausbildungen weiter und ist Autorin diverser Fachbücher sowie zahlreicher Fachartikel über Familienaufstellung und Mentales Training für Kinder, Jugendliche und Lehrer. Seit 2020 ist sie außerdem Vorstandsvorsitzende des Internationalen Verbands für Systemaufstellungen und Energiearbeit.

Kontakt:
Institut für Aufstellungen und Neues Bewusstsein
Gabriele A. Petrig, Aschaffenburg
www.petrig-genetic-healing.de

512 Seiten, gebunden
ISBN 978-3-96933-000-5
€ [D] 30,00

Claudia Rainville

Metamedizin 2.0

Jedes Symptom ist eine Botschaft

Vor 25 Jahren erschien Metamedizin zum ersten Mal. Es wurde zum Bestseller. Seitdem hat sich das Erfahrungsspektrum der Autorin erweitert und eine Überarbeitung erfordert, so ist ein fast neues Buch entstanden: Durch eine Synthese aus therapeutischen Erfahrungen und einer ganzheitlichen Betrachtung hat sie einen neuen Zugang zu Krankheiten gefunden.
So ist Metamedizin 2.0 ein Nachschlagewerk, das über die Symptombeseitigung hinausgeht, indem es den Fokus auf die wahre Ursache der Erkrankung legt.

328 Seiten, broschiert
ISBN 978-3-89845-290-8
€ [D] 20,00

Kishori Aird

Die 13. Helix

Ein Praxisbuch zur Erweckung unseres verlorenen Gens

Die DNA verfügt über ein schwingendes, elektromagnetisches Feld, das auf unsere Gedanken und Gefühle reagiert. Sie weist nicht nur zwei, sondern vielmehr 13 Stränge auf, die alle aktiviert und genutzt werden können.
Lernen Sie, wie Sie Ihren genetischen Code selbst so verändern können, dass Sie langersehnte Ziele wie Gesundheit, Jugendlichkeit, innere Balance oder auch Selbstvertrauen mühelos erreichen.

304 Seiten, broschiert
ISBN 978-3-89845-451-3
€ [D] 20,00

Kalea

Krankheiten und ihre Ursachen aus spiritueller Sicht

Hilfe und Heilung aus spiritueller Sicht.
Krankheit ist ein Spiegel der Seele, sie hat ihren Ursprung in uns selbst und zeigt, dass etwas in unserem Leben nicht richtig läuft. Die Heilerin Kalea geleitet uns zu einem tiefen Verständnis der Krankheit, indem sie uns vermittelt, was die geistige Welt dazu sagt. Ihre Channelings zu den 80 häufigsten Krankheitsbildern, zu deren Ursachen sowie zu den Heilungsansätzen bieten uns einen einzigartigen Kontakt zu unserer eigenen, heilenden Seele.
Kalea zeigt praktische Lösungsansätze, die wahren Ursachen unserer Krankheit und geleitet uns zur Heilung unserer Seele und unseres Körpers.

128 Seiten, 4-farbig, wattiert, gebunden
ISBN 978-3-89845-499-5
€ [D] 15,00

Irene Lauretti

Mit der Kraft deiner Hände

Energieheilgriffe für schnelles Wohlbefinden

Stärken Sie schnell und effektiv Ihre Gesundheit, lindern Sie Beschwerden und füllen Sie Ihre Energiereserven auf. Durch sanftes Halten der Finger und Berühren bestimmter Energiepunkte am Körper erreichen Sie jeden Bereich Ihres Seins. Die Heilgriffe aus diesem Buch geben Ihnen genau das, was Ihr Körper und Ihre Seele gerade benötigen!
Erreichen Sie ab sofort einfach und schnell mehr Wohlbefinden, Gesundheit und Vitalität!

128 Seiten, broschiert, mit abgerundeten Ecken
ISBN 978-3-89845-566-4
€ [D] 11,00

Ramona B. Wagner

EFT – Klopftechnik für Gesundheit und Wohlbefinden

Klopf dich frei!
Entdecken Sie die Selbstheilungstechnik EFT, mit der Sie sich von emotionalen und physischen Problemen befreien können. Durch das Beklopfen bestimmter Akupunkturpunkte können belastende Emotionen neutralisiert und einschränkende Überzeugungen verändert werden. Auf diese Weise werden sowohl akute Beschwerden wie auch langwierige Probleme gelöst.
Dank anschaulicher Bebilderung können Sie auch ohne Vorkenntnisse sofort mit der Umsetzung von EFT beginnen.

400 Seiten, Flexocover
ISBN 978-3-89845-538-1
€ [D] 22,00

Christiane Finnan

Spirituelle Kinesiologie

Leben im Gleichgewicht von Körper, Geist und Seele

Der Kinesiologin Christiane Finnan ist es gelungen, die klassische Kinesiologie der reinen Körpertechnik weiterzuentwickeln zu einer spirituellen Kinesiologie, in der Eigenwahrnehmung, Bewusstwerdungsprozesse und neue Seinszustände im Mittelpunkt stehen. Mit ihrer gänzlich neuartigen Methode können Körper, Geist und Seele in ein harmonisches Gleichgewicht gebracht werden und Sie können mit Schwung in ein neues Leben gehen.

192 Seiten, Flexocover
ISBN 978-3-89845-645-6
€ [D] 15,00

Heiko Christmann

Blut gut – alles gut

Laborwerte richtig deuten – Dunkelfeldmikroskopie nutzen. Sanfte Diagnose und wirksame Behandlung

Unser Blut gibt Aufschluss über Funktionsstörungen, Krankheiten und Belastungen, die der Heilpraktiker Heiko Christmann mit der Dunkelfeldmikroskopie diagnostiziert. Hier erläutert er, welche Therapien er aus den Ergebnissen ableitet, und gibt an zahlreichen Fallbeispielen aus seiner Praxis Einblick in diese beeindruckende Behandlungsmethode.
Lernen Sie, Ihre Blutwerte zu lesen, und pimpen Sie Ihr Blut!

120 Seiten, broschiert
ISBN 978-3-89845-639-5
€ [D] 14,00

Angela Frauenkron-Hoffmann

Frei von Allergien und Unverträglichkeiten

Durch Biologisches Dekodieren

Die Therapeutin Angela Frauenkron-Hoffmann stellt das Biologische Dekodieren, eine äußerst erfolgreiche Methode gegen Allergien, vor.
Mit den Erkenntnissen, die Ihnen dieses Buch liefert, können Sie sich sogar selbst von Ihrer Allergie befreien. Da die Nebenwirkungen und die Risiken gleich null sind, bedeutet diese neue Therapieform eine echte Chance für Sie – die Chance auf ein Leben ohne Allergie.

368 Seiten, broschiert
ISBN 978-3-96933-068-5
€ [D] 25,00

Thomas Widrat

Simply Healthy – einfach vollkommen gesund

Körper, Geist, Seele

Aus den unzähligen Richtlinien für ein gesundes Leben hat Thomas Widrat die Essenz herausgefiltert und sie zu einer fundierten, wirksamen Methode aufbereitet. Wertvolle Tipps zu Ernährung und Körperentgiftung sowie Ratschläge, um mental belastende Faktoren aus unserem Leben zu eliminieren, ergeben einen umfangreichen Praxisratgeber für alle, die Gesundheit als mehr sehen als einen funktionierenden Körper.

160 Seiten, broschiert
ISBN 978-3-89845-504-6
€ [D] 8,00

Iris Hicking

Energiearbeit für Einsteiger

Heilarbeit für Körper & Seele

Ganzheitliche Gesundheit beginnt auf der energetischen Ebene, denn jeder Mensch besitzt einen Energiekörper, der für das Wohlbefinden ebenso entscheidend ist wie der physische Körper. Entdecken Sie hier die Grundlagen der spirituellen Heilarbeit. Auf einfache und leicht nachvollziehbare Weise führt Iris Hicking Sie in die Deutung von Krankheitsbildern und leitet Sie an, mit den feinstofflichen Energien zu arbeiten. Praktische Übungen machen energetische Heilarbeit für jeden anwendbar.

96 Seiten, 2-fbg., abgerundete Ecken, broschiert
ISBN 978-3-89845-665-4
€ [D] 12,00

Klaus G. Lieg

Die 7 Säulen der Resilienz

Mit ätherischen Ölen das Immunsystem der Seele stärken

Lerne die 7 Säulen der Resilienz in Verbindung mit der Aromatherapie kennen – eine Methode, die es dir ermöglicht, eine größere Belastbarkeit und innere Stärke zu entwickeln. Mithilfe der innovativen Kombination aus bewährten psychologischen Übungen und ätherischen Ölen gelingt es dir, Krisen zu bewältigen, flexibel auf wechselnde Anforderungen zu reagieren und stressreiche, frustrierende oder belastende Situationen souverän zu meistern.

168 Seiten, broschiert
ISBN 978-3-96933-006-7
€ [D] 16,00

Ingrid Theresia Bleier

Mit deinen 7 Sinnen zum gesunden Menschsein

Wie wir wieder lernen, uns selbst zu vertrauen

Wie wir körperlich & seelisch gesund bleiben
Es ist das Wissen um die eigenen 7 Sinne, das uns einen einfachen Weg zeigt, wie wir zu Achtsamkeit, Balance und Klarheit finden – zu einem gesunden Menschsein.
Unser Sinnessystem ist das Tor zu bewusster Wahrnehmung, Intuition und Selbstbestimmtheit.
Dieses Buch hilft, jede Herausforderung perfekt zu meistern und zugleich körperlich und seelisch gesund zu bleiben, wenn man sich auf seine 7 Sinne verlässt.

416 Seiten, 4-farbig,
Flexocover
ISBN 978-3-89845-554-1
€ [D] 36,00

Indu Arora

Das große Buch der Mudrās

Heilende Übungen für Körper und Seele

Indu Arora ist eine Yoga-Meisterin, Yoga-Therapeutin, ayurvedische Klinikmedizinerin und Autorin mit langjähriger Lehrerfahrung. Mit diesem Buch eröffnet sie uns die Welt der Mudrās. Oder in ihren Worten: »Ich möchte mit Ihnen die Weisheit des Yoga und Ayurveda teilen, die Einfachheit in unser kompliziertes Leben bringt. In Harmonie mit unserer inneren Natur und der Natur als solcher zu leben, bringt uns Gesundheit. Nichts hat eine größere Macht, uns zu heilen, als das Selbst!«

336 Seiten, 2-farbig,
Hardcover mit verdeckter
Spiralbindung
ISBN 978-3-96933-072-2
€ [D] 36,00

Sabine Kühn & Andrea Hülpüsch

Das Praxisbuch des Pendelns 2

Für Gesundheit und ein starkes Immunsystem.
Mit 143 Pendeldiagrammen.

Mithilfe des Pendels oder Tensors können Sie genau ausloten, mit welchen Methoden oder hilfreichen Tipps Sie sich bei alltäglichen Gesundheitsfragen selbst erfolgreich helfen können. Zudem sind die Listen ein wertvolles Werkzeug für alle therapeutisch arbeitenden Anwender. Zusätzlich finden Sie Affirmationen, Chakrenanalysen und eine Chakrenmeditation zur Stressbewältigung und energetischen Hilfe.

240 Seiten, farbig, broschiert
ISBN 978-3-89845-649-4
€ [D] 20,00

Dietmar Schenk

Wer jünger bleibt, kann älter werden

Synergaging – so macht der Kopf den Körper fit

Rauben dir chronischer Stress und Überlastung Tag für Tag mehr Lebenskraft? Fühlst du dich erschöpft, ausgebrannt und vorzeitig gealtert? Dann gilt es, wieder mehr Dynamik zu spüren und die innere Balance wieder aufzubauen. Echtes Better-Aging zu betreiben.
Das Synergaging-Programm führt dich zu einem wahren Jungbrunnen, zum Quell der Lebenskraft und damit zu kerniger Gesundheit bis ins hohe Alter, damit du zu jeder Zeit gesund, vital und selbstbestimmt leben kannst.
Es lohnt sich.

Weiterführende Informationen zu Büchern, Autoren und den Aktivitäten des Silberschnur Verlages erhalten Sie unter: **www.silberschnur.de**

Natürlich können Sie uns auch gerne den **Antwort-Coupon** aus dem beiliegenden Lesezeichenflyer zusenden.

Ihr Interesse wird belohnt!